编委会

顾　问

杨　西　杨　瑞

策展人

杨文涛

统　筹

王　晨　徐吟之

执　行

荀　慧

编　务

张亦弛　马名扬　叶　翎　刘晓芳

陆玉芳　徐之莹　楼焱青

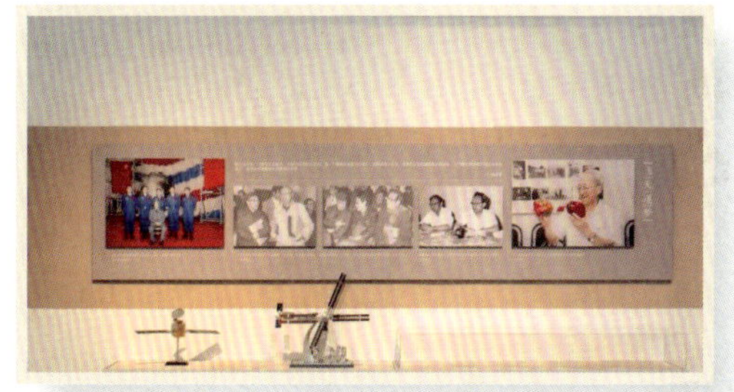

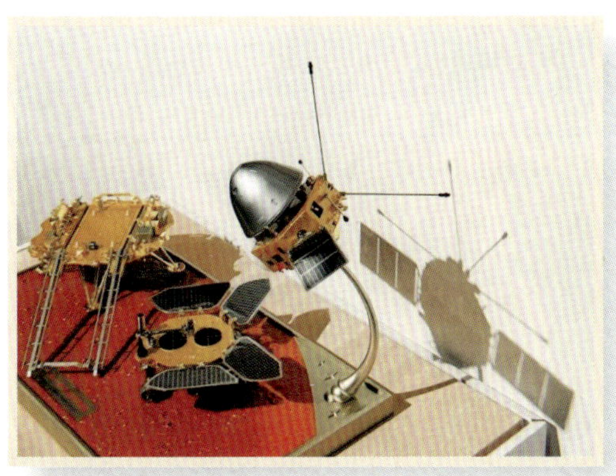

苏州市公共文化中心
SUZHOU MUNICIPAL CENTER OF PUBLIC CULTURE

嘉实弥望

中国科学院院士 杨嘉墀

主办单位
苏州市文化广电和旅游局
苏州市科学技术协会

承办单位
苏州市公共文化中心
苏州市吴江区震泽镇人民政府

协办单位
杨嘉墀故居
苏州市吴江区杨嘉墀实验学校

执行单位
苏州市名人馆

特别鸣谢
杨西
杨瑞

2024
07.10

2024
09.08

展览地点:
苏州美术馆4、5号展厅

[illegible]

嘉实弥望

中国科学院院士 杨嘉墀

苏州市公共文化中心
（苏州市名人馆）编

苏州新闻出版集团
古吴轩出版社

图书在版编目（CIP）数据

嘉实弥望 ：中国科学院院士杨嘉墀 / 苏州市公共文化中心（苏州市名人馆）编. -- 苏州 ：古吴轩出版社，2024. 12. --（艺浪）. -- ISBN 978-7-5546-2530-9

Ⅰ. K826.16-64

中国国家版本馆CIP数据核字第2025L23112号

责任编辑：鲁林林
见习编辑：刘　楠
装帧设计：刘成宇
责任校对：戴玉婷
责任照排：刘成宇

书　　名：嘉实弥望——中国科学院院士杨嘉墀
编　　者：苏州市公共文化中心（苏州市名人馆）
出版发行：苏州新闻出版集团
　　　　　古吴轩出版社
　　　　　地址：苏州市八达街118号苏州新闻大厦30F
　　　　　电话：0512-65233679　　　邮编：215123
出 版 人：王乐飞
印　　刷：苏州恒久印务有限公司
开　　本：787mm×1092mm　1/16
印　　张：8.5
字　　数：67千字
版　　次：2024年12月第1版
印　　次：2024年12月第1次印刷
书　　号：ISBN 978-7-5546-2530-9
定　　价：188.00元

如有印装质量问题，请与印刷厂联系。0512-65615370

目录

“嘉实弥望——中国科学院院士杨嘉墀”展 开幕式致辞

杨嘉墀女儿杨西

尊敬的各位领导、各位来宾：

大家上午好！

今天我们欢聚一堂，共同出席“嘉实弥望——中国科学院院士杨嘉墀”专题展览的开幕式。在此，我作为杨嘉墀院士的女儿，代表我们全家，向各位的到来致以最衷心的感谢！

回顾父亲的一生，是矢志不渝地投身于国家科技事业的一生。他曾主持火箭和核试验监测仪器及控制系统的研发，主导人造卫星姿态控制系统的研究，在一箭三星、返回式卫星和科学探测卫星的发展中作出了贡献，获得了国家科技进步特等奖、“两弹一星功勋奖章”等荣誉。父亲不仅在科学领域取得了一定成就，晚年更是站在国家科技的战略前沿，与另外三位科学家提出了后被命名为“863”计划的国家发展高技术的建议。他还促进了载人飞船工程立项，推动了卫星应用产业发展，提出了月球探测、北斗导航应用等建议。他坚定的爱国情怀和科学精神，激励了一

代又一代的科技工作者。

父亲是一位土生土长的苏州吴江人，他从上海交通大学启程，跨越重洋，深造于美国哈佛大学，但无论走得多远，他始终心系故土，铭记家国情怀，也从未忘记过这片哺育他成长的热土。

苏州是座有着深厚文化底蕴的历史名城，曾培育出无数名人墨客，据不完全统计，产生了100多位院士。今年7月10日是第五个“苏州科学家日”，也是我父亲诞辰105周年之际，展览开幕式在这个特殊的日子里举行，不仅是一个美好的开端，更是一个寓意深远的象征。本次展览，经过苏州市文化广电和旅游局、苏州市科学技术协会等多方精心筹备，通过展示父亲的求学经历、科研成就和生活点滴，全面呈现了他一生的精神风貌。在此，我想向所有支持本次展览的单位和个人，特别是苏州市名人馆和所有为展览付出辛勤努力的朋友，表示衷心的感谢。

最后，预祝本次展览圆满成功，谢谢大家！

杨西（杨嘉墀女儿）
2024年7月10日

$$i_K = i_{K0}\frac{\int_{\lambda_1}^{\lambda_2} E(\lambda, T)\phi(\lambda)\mathrm{d}\lambda}{\int_{\lambda_1}^{\lambda_2} E(\lambda, T_0)\phi(\lambda)\mathrm{d}\lambda}$$

展览

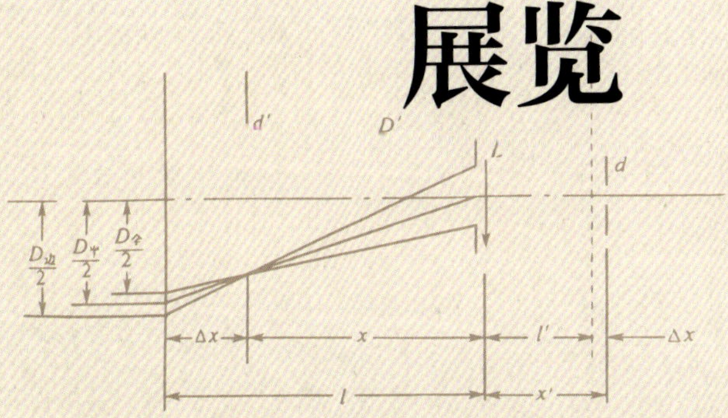

$$\frac{E(\lambda_e, T)}{E(\lambda_e, T_0)} = \frac{\int_{\lambda_1}^{\lambda_2} E(\lambda, T)\phi(\lambda)\mathrm{d}\lambda}{\int_{\lambda_1}^{\lambda_2} E(\lambda, T_0)\phi(\lambda)\mathrm{d}\lambda} = \frac{i_K}{i_{K0}}$$

$$\frac{\mathrm{d}T}{T} = \left[\frac{T}{T_0}\cdot\frac{\mathrm{e}^{C_2/\lambda T}-1}{\mathrm{e}^{C_2/\lambda T}} - 1\right]\frac{\mathrm{d}\lambda_e}{\lambda_e}$$

$$\frac{\mathrm{d}F}{F} = \frac{C_2}{\lambda T}\cdot\frac{\mathrm{e}^{C_2/\lambda T}}{\mathrm{e}^{C_2/\lambda T}-1}\cdot\frac{\mathrm{d}T}{T} = \xi\frac{\mathrm{d}T}{T}$$

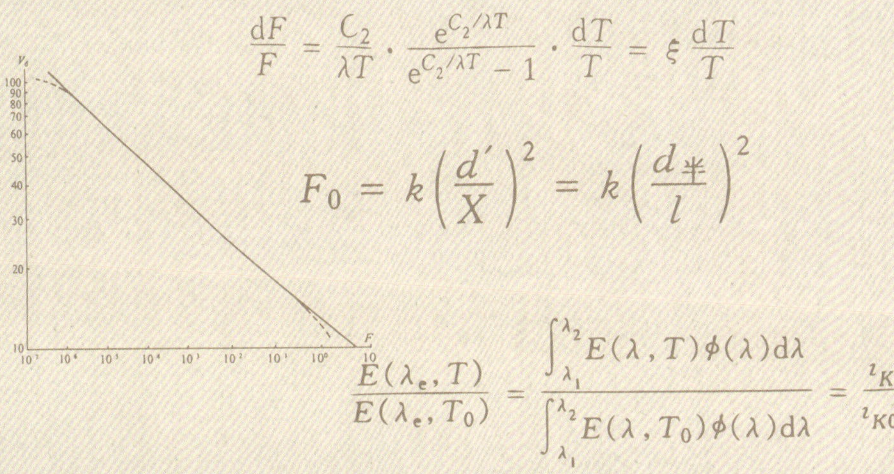

$$F_0 = k\left(\frac{d'}{X}\right)^2 = k\left(\frac{d_{半}}{l}\right)^2$$

$$\frac{E(\lambda_e, T)}{E(\lambda_e, T_0)} = \frac{\int_{\lambda_1}^{\lambda_2} E(\lambda, T)\phi(\lambda)\mathrm{d}\lambda}{\int_{\lambda_1}^{\lambda_2} E(\lambda, T_0)\phi(\lambda)\mathrm{d}\lambda} = \frac{i_K}{i_{K0}}$$

"嘉实弥望——中国科学院院士杨嘉墀"展
序言

杨嘉墀（1919—2006），吴江震泽人，中国共产党党员，中国科学院院士，空间自动控制学家、航天技术和自动控制专家、仪器仪表与自动化专家，自动检测学的奠基者，"863"国家高技术研究发展计划倡导人之一，1949年获哈佛大学博士学位，1956年回国后先后在中国科学院自动化研究所、中国空间技术研究院工作。

他笃行不怠，臻于至善，长期致力于中国科学技术和航天事业的发展，多次参与原子弹、导弹等秘密试验任务，主持了包括中国第一颗人造卫星在内的多种卫星的总体及自动控制系统的研制工作，为中国科学技术的发展作出了卓越贡献。

他是人民的科学家，曾经多次当选全国人民代表大会代表，获得了国家科学技术进步奖特等奖、陈嘉庚信息科学奖、何梁何利基金科学与技术进步奖等荣誉，1999年获国家"两弹一星"功勋奖章。

在杨嘉墀心里，国为重，家为轻；科学为重，名利为轻。他为我国空间事业的创立、发展和国防现代化建设奋斗终生，他是共和国的脊梁，是民族的骄傲，以他名字命名的"杨嘉墀星"永远闪耀在苍穹之中。

楊嘉墀

人生之路
故土寻根

1919 年 9 月 9 日，杨嘉墀出生在江苏省吴江县（现为苏州市吴江区）震泽镇。他的家乡，是一方物华天宝、钟灵毓秀的富饶之地；他的家族，是一个崇文重教、实业救国的丝业世家。那时中国的家庭，礼教甚严，普遍保守，而杨家受到“求富”“自强”文化和丝经出口贸易环境的影响，眼界开阔，思想先进，这对杨嘉墀的人生影响深远。

丝业世家

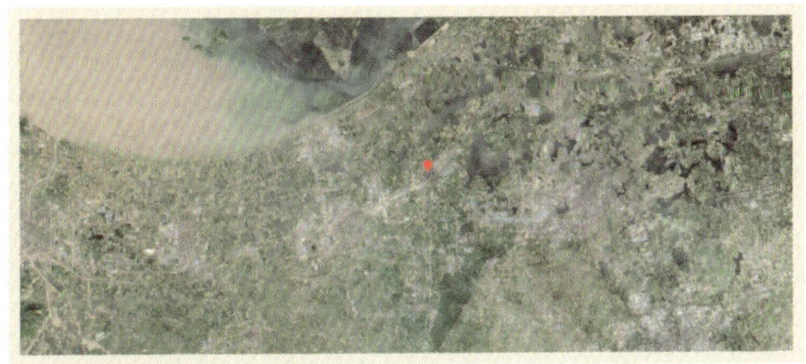

杨嘉墀的家乡吴江震泽

	丝经行	牌号
杨月如 杨嘉墀曾祖父	杨同昌	纺织娘
		银兔
杨文濬 杨嘉墀伯祖父	同昌濬	
杨文震 杨嘉墀祖父	隆昌震	金字塔
		金孔雀
		银孔雀

杨氏家族开设的丝经行和丝经牌号

震泽镇宝塔街仁里坊，19 世纪末 20 世纪初，这里曾开设了近 40 家丝经行

实业救国

祖父杨文震
（1868—1935）

杨文震实业救国之事件（1892—1929）

1892　开设隆昌震丝经行
1912　创办震泽私立丝业第一初高等小学（震泽丝业小学），筹建震泽丝业同业公会会馆
1918　集资开设震大钱庄
1919　参与筹建浔震电灯公司并推动投产送电
1923　开办土丝改良传习所
1929　联合兴办震丰缫丝厂

1912 年，杨文震被同行推举为震泽丝业同业公会会长。图为震泽丝业同业公会旧址

1912 年，杨文震以丝业同业公会名义创办震泽私立丝业第一初高等小学（震泽镇丝业小学）。图为震泽丝业小学

1929 年，杨文震与施肇曾等牵头筹股创办震丰缫丝厂。图为震丰缫丝厂旧照

家风诚朴

杨嘉墀的父亲杨澄蔚与母亲沈慧珍

杨家澄字辈六兄弟合影。自左向右为杨澄华、杨澄芬、杨澄蔚、杨澄堃、杨澄芾、杨澄荃

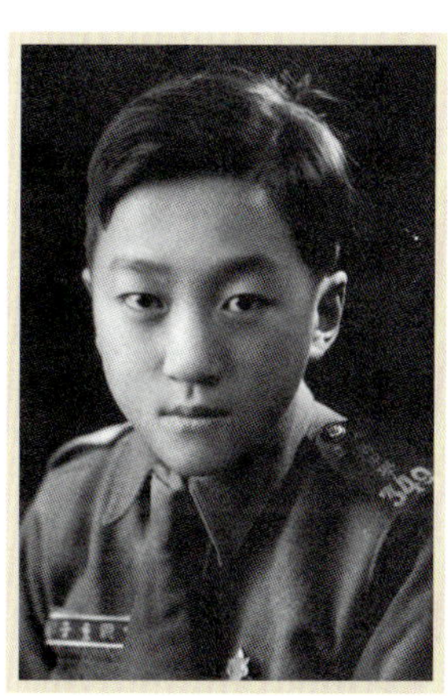

1919 年 9 月 9 日，杨嘉墀出生。祖父杨文震为他取名“嘉墀”，希望他成为国家繁荣道路上的一级阶梯

蔚然成才 矢志报国

杨嘉墀自幼好学，从震泽丝业小学、震属初级中学（现为江苏省震泽中学）到上海中学的求学之路，让他初步受到了爱国主义和科学精神的熏陶；1937年，在炮火与硝烟中，他考入交通大学，“乌云孤岛”中的上下求索，坚定了他的强国梦；大学毕业后，他奔赴西南联大担任助教，继而几经周折跨洋深造。虽远在大洋彼岸，杨嘉墀始终胸怀赤子之心，心系祖国发展。1956年，他毅然放弃优厚待遇，冲破重重阻碍，回到祖国的怀抱！

杨嘉墀求学之路

1924 — 1930 年　小学

江苏吴江震泽镇丝业小学

◇

1930 — 1932 年　初中

江苏吴江震泽镇震属初级中学

◇

1932 — 1937 年　初中，高中

江苏省立上海中学

◇

1937 — 1941 年　本科

国立交通大学工学院电机工程系

◇

1947 — 1949 年　硕士，博士

哈佛大学文理学院工程科学与应用物理系

古镇启蒙

丝业公学（1926 年，丝业公学增设初中班）现存石质界碑

震属初级中学尊经阁旧照

震属初级中学 20 世纪 20 年代至 30 年代的校门

沪上求学

20 世纪 30 年代，江苏省立上海中学的牌楼（上），初中部校景（中），高中部校景（下）

杨嘉墀高中毕业照

日本军队打到了上海，刚考进大学的我躲在了租界里，才避免了炮火的轰击。然而，飞机轰炸连绵不绝的声响和战争的混乱，仍然给我留下了强烈的印象。从那时候起，我就意识到科学技术对一个国家是多么的重要。

——杨嘉墀

1937 年，杨嘉墀大学一、二年级上课的震旦大学红楼（为交通大学租用）

1937 年 8 月，淞沪抗战爆发后，日军轰炸上海市区，闸北一带火光冲天

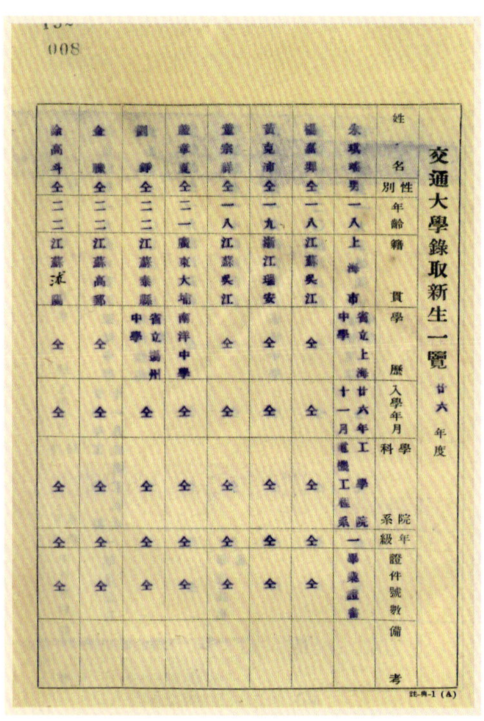

008

交通大學錄取新生一覽 廿六年度

姓名	性別	年齡	籍貫	學歷	入學年月	學院科系	年級	證件號數	備考
朱[illegible]	男	一八	上海市	省立上海中學	廿六年十一月	工學院電機工程系	一	畢業證書	
楊[illegible]	仝	一八	江蘇吳江	仝	仝	仝	仝	仝	
黃[illegible]	仝	一九	浙江瑞安	仝	仝	仝	仝	仝	
董宗[illegible]	仝	一八	江蘇吳江	仝	仝	仝	仝	仝	
盧[illegible]	仝	二一	廣東大埔	南洋中學	仝	仝	仝	仝	
劉[illegible]	仝	二二	江蘇泰縣	省立揚州中學	仝	仝	仝	仝	
金[illegible]	仝	二二	江蘇高郵	仝	仝	仝	仝	仝	
徐高[illegible]	仝	二二	江蘇沭陽	仝	仝	仝	仝	仝	

註-冊-1 (A)

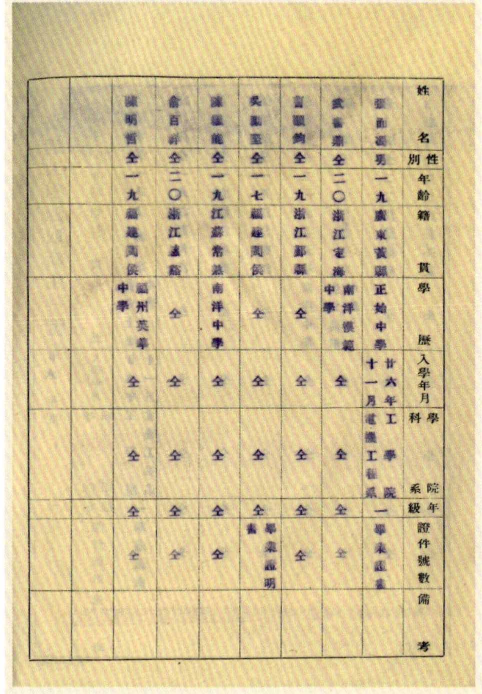

姓名	性別	年齡	籍貫	學歷	入學年月	學院科系	年級	證件號數	備考
張[illegible]	男	一九	廣東[illegible]縣	正始中學	廿六年十一月	工學院電機工程系	一	畢業證書	
武[illegible]	仝	二〇	浙江定海	南洋模範中學	仝	仝	仝	仝	
[illegible]	仝	一九	浙江鄞縣	仝	仝	仝	仝	仝	
吳[illegible]	仝	一七	福建閩侯	仝	仝	仝	仝	畢業證明書	
陳[illegible]	仝	一九	江蘇常熟	南洋中學	仝	仝	仝	仝	
俞百[illegible]	仝	二〇	浙江慈谿	仝	仝	仝	仝	仝	
陳明哲	仝	一九	福建閩侯	溫州[illegible]中學	仝	仝	仝	仝	

1937 年，交通大学工学院电机工程系录取新生一览表

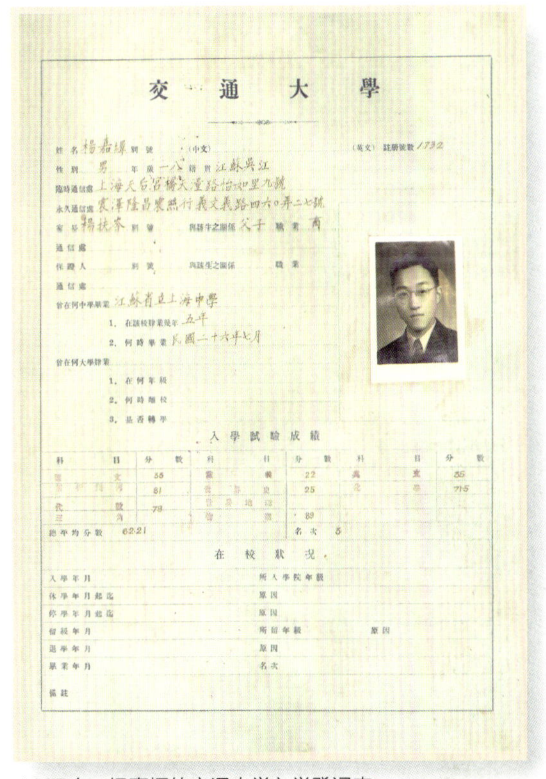

交通大學

姓名 楊嘉墀 別號 (中文) (英文) 註册號數 1732

性別 男 年歲 一八 籍貫 江蘇吳江

臨時通信處 上海天台宮橋大潼路怡如里九號

永久通信處 震澤隆昌震熙行義文義路四六〇弄二七號

家長 楊扶齊 別號 與該生之關係 父子 職業 商

通信處

保證人 別號 與該生之關係 職業

通信處

曾在何中學畢業 江蘇省立上海中學

1. 在該校肄業幾年 五年

2. 何時畢業 民國二十六年七月

曾在何大學肄業

1. 在何年級

2. 何時離校

3. 是否轉學

入學試驗成績

科目	分數	科目	分數	科目	分數
[illegible]文	55	[illegible]	22	[illegible]	55
[illegible]	81	[illegible]	25	化學	71.5
代數	73	[illegible]			
三角		物理	89		
總平均分數	62.21			名次	5

在校狀況

入學年月 所入學院年級

休學年月起迄 原因

停學年月起迄 原因

留級年月 所留年級 原因

退學年月 原因

畢業年月 名次

備註

1937 年，杨嘉墀的交通大学入学登记表

胡敦复老师反复讲了几十遍“y 是 x 的函数，当 x 有 △ x 的变化时，y 必然有 △ y 的变化，当 △ x →无穷小时，△ y/ △ x 之极限就是 dy/dx”，当每个同学都能倒背如流以后，胡老师的授课进度才一泻千里，不用费多少劲，学生就能够融会贯通。

——杨嘉墀

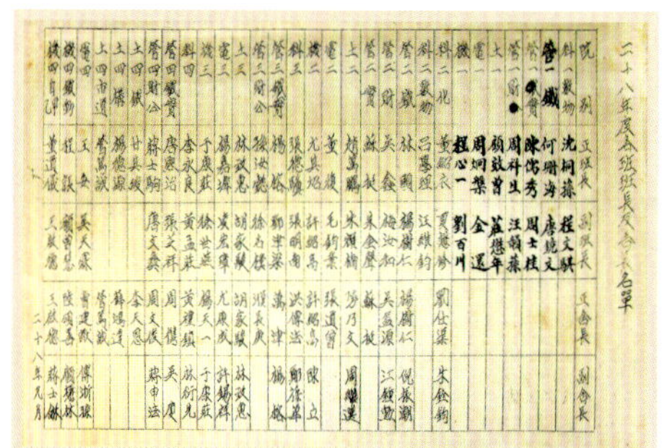

杨嘉墀入学考试成绩名列第三，入学后担任班长

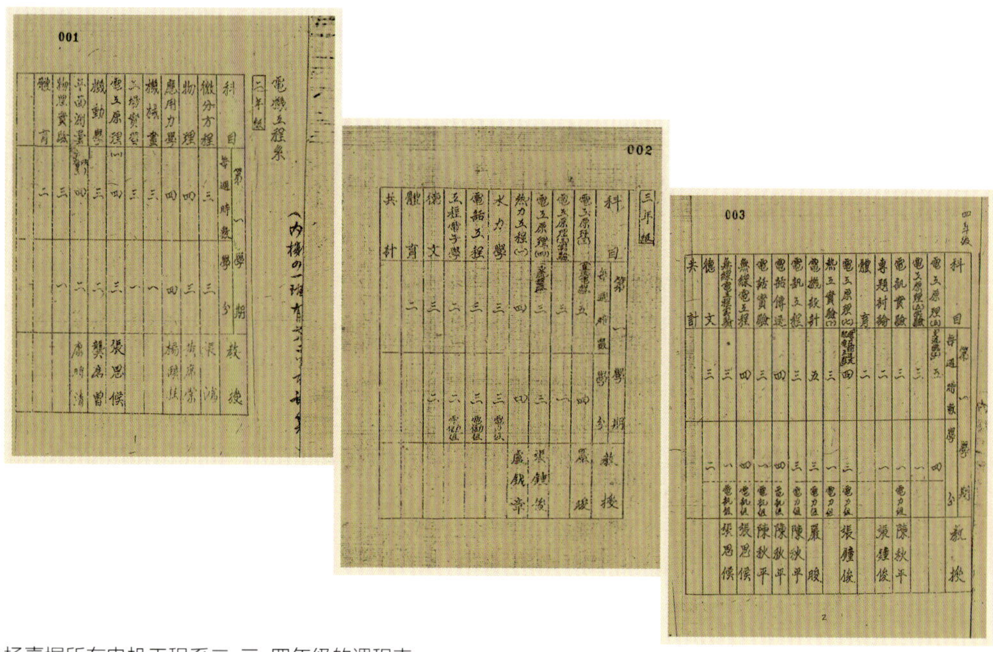

杨嘉墀所在电机工程系二、三、四年级的课程表

杨嘉墀在交通大学读书时的校长与工学院院长，左图为校长黎照寰，右图为院长张廷金

杨嘉墀的大学师长

微积分教授胡敦复、物理教授裘维裕、机械教授胡端行、热力工程教授陈石英

交流电机教授钟兆琳、直流电机教授马就云、力学教授杜光祖

1941 年，杨嘉墀交大毕业时的留影

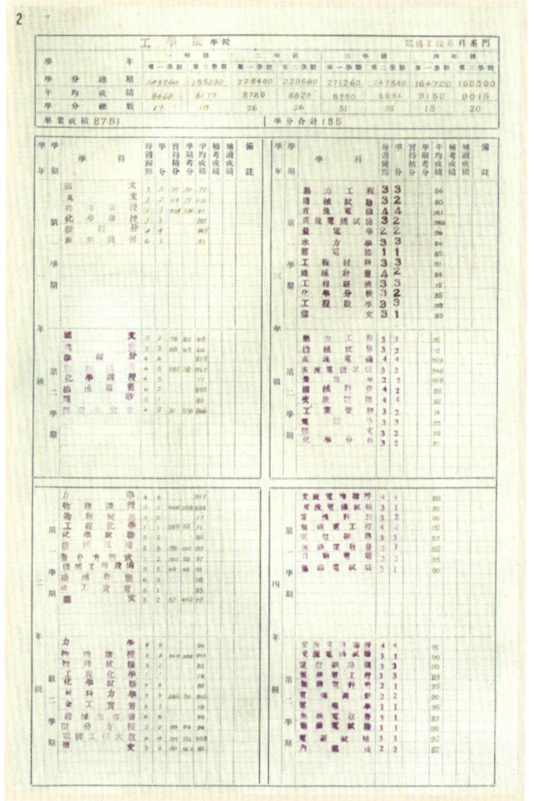

工學院 學院　　電機工程系 科系門

學年	一年級 第一學期	一年級 第二學期	二年級 第一學期	二年級 第二學期	三年級 第一學期	三年級 第二學期	四年級 第一學期	四年級 第二學期
學分總積	143960	155650	228400	220560	271260	247540	164700	180300
平均成績	8468	8175	8785	8820	8750	8854	9150	9015
學分總數	17	19	26	26	31	28	18	20

畢業成績 8751　　學分合計 185

1941 年 7 月，杨嘉墀毕业于交通大学工学院电机工程系的成绩表，他名列班级第一

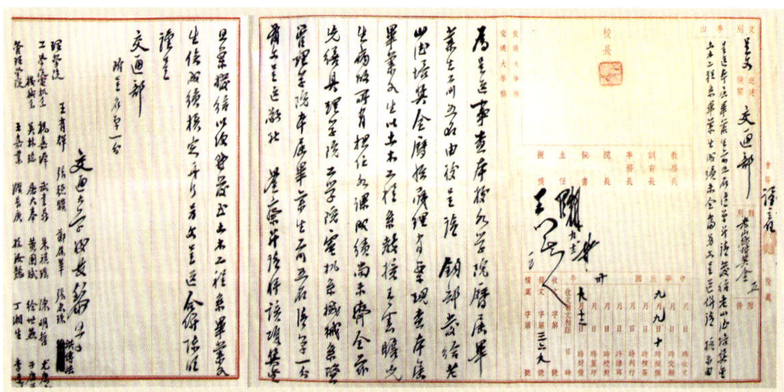

杨嘉墀毕业时因成绩优异获得老山德培奖学金

1941 年，杨嘉墀（二排左四）与同届电机系同学在震旦大学红楼前合影，并在照片背后手写每位同学的姓名

交通大學

Chiao Tung University

NANYANG COLLEGE

To all to whom these Presents may come, Greeting:

Be it known that

YANG CHIA CHIH

having completed the studies and satisfied the requirements for the degree of

Bachelor of Science in Electrical Engineering

has accordingly been admitted to that Degree with all the Rights, Privileges, and Honours thereto appertaining.

1941 年，杨嘉墀的交通大学英文毕业证书（杨西女士提供）

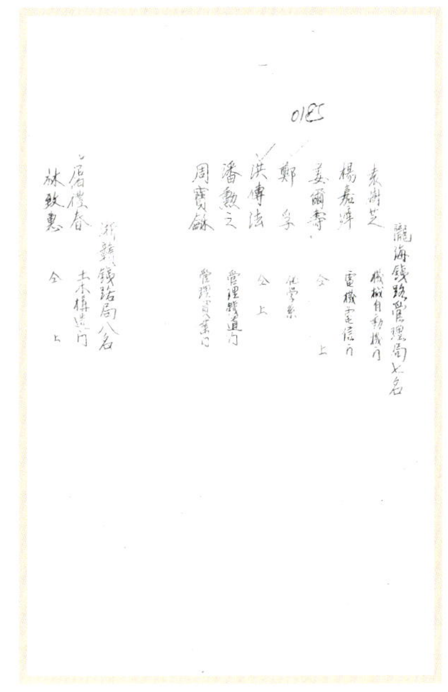

1941 年初，杨嘉墀被分至陇海铁路管理局实习

奔赴联大

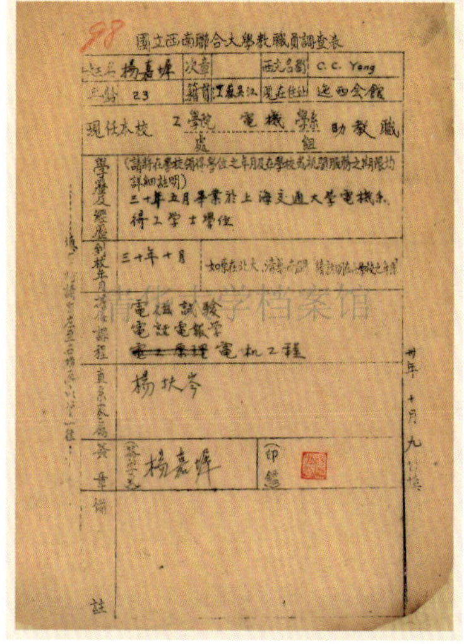

98
國立西南聯合大學教職員調查表

姓名	楊嘉墀	次章		西文名號	C. C. Yang
年齡	23	籍貫	江蘇吳江	現在住址	迤西会館
現任本校	工學院 電機學系 助教職				
學歷及經歷	(請將在學校領得學位之年月及在學校或機關服務之期限均詳細註明) 三十年五月畢業於上海交通大學電機系，得工学士學位				
到校年月	三十年十月	如原在北大、清華、南開，請註明係何校之年月			
擔任課程	電磁試驗 電話電報學 ~~電工原理~~ 電机工程				
直系家屬	楊坎岑				
簽章	(簽字) 楊嘉墀	(印鑑)			
備註					

卅年十月九日填

1941 年，含杨嘉墀本人签名及钤印的国立西南联合大学教职员调查表

1942 年夏，西南联大电机系主任倪俊推荐杨嘉墀到昆明中央电工器材厂工作。图为昆明中央电工器材厂办公楼（上）、生产车间（下）

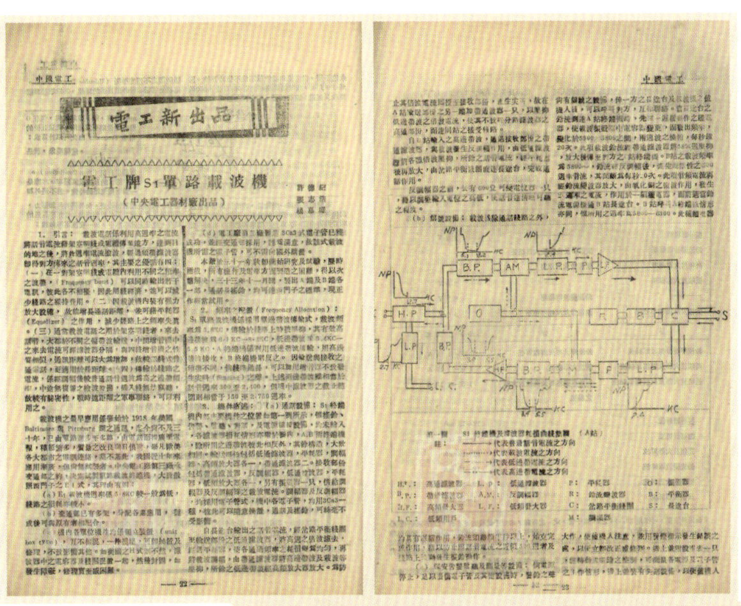

中國電工

電工新出品

電工牌S1單路載波機

許德紀
張志浩
楊嘉墀

（中央電工器材廠出品）

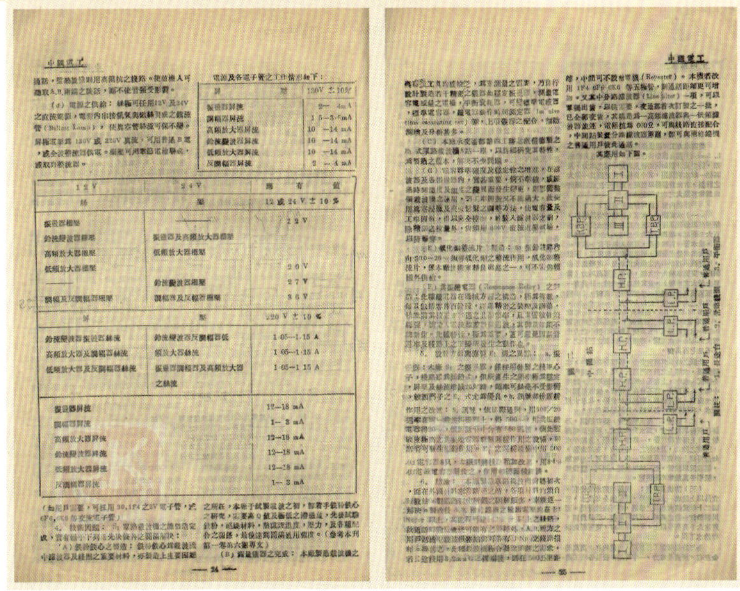

许德纪、张志浩、杨嘉墀合著的《电工牌 S1 单路载波机》，刊载于《中国电工》1945 年第 2 卷第 4 期

跨洋深造

1947 年，杨嘉墀在美留学期间的留影

美国留学期间，杨嘉墀（右一）与王安（中）、朱祺瑶（左一）、曹建猷（右四）等同学聚会

1947 年，杨嘉墀（右三）与同学在波士顿海边留影

1949 年 4 月，杨嘉墀获得哈佛大学哲学博士学位

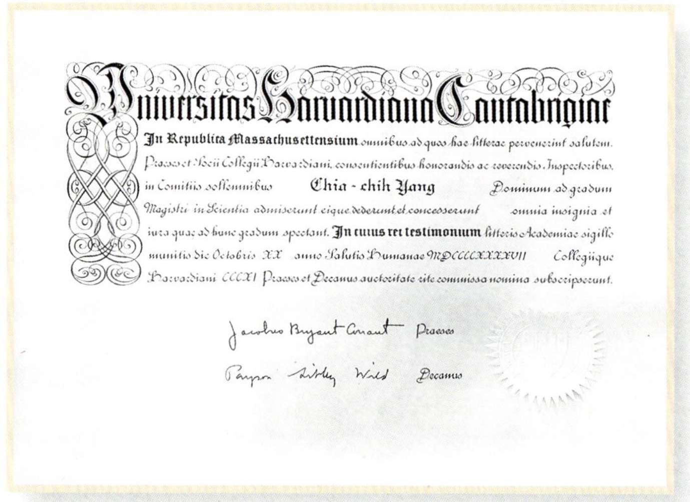

Universitas Harvardiana Cantabrigiae
In Republica Massachusettensium omnibus ad quos hae litterae pervenerint salutem.
Praeses et Socii Collegii Harvardiani, consentientibus honorandis ac reverendis Inspectoribus,
in Comitiis sollemnibus Chia - chih Yang Dominum ad gradum
Magistri in Scientia admiserunt eique dederunt et concesserunt omnia insignia et
iura quae ad hunc gradum spectant. In cuius rei testimonium litteris Academiae sigillo
munitis die Octobris XX anno Salutis Humanae MDCCCCXXXXVII Collegiique
Harvardiani CCCXI Praeses et Decanus auctoritate rite commissa nomina subscripserunt.

Jacobus Bryant Conant Praeses
Payson Sibley Wild Decanus

杨嘉墀的哈佛大学硕士学位证书

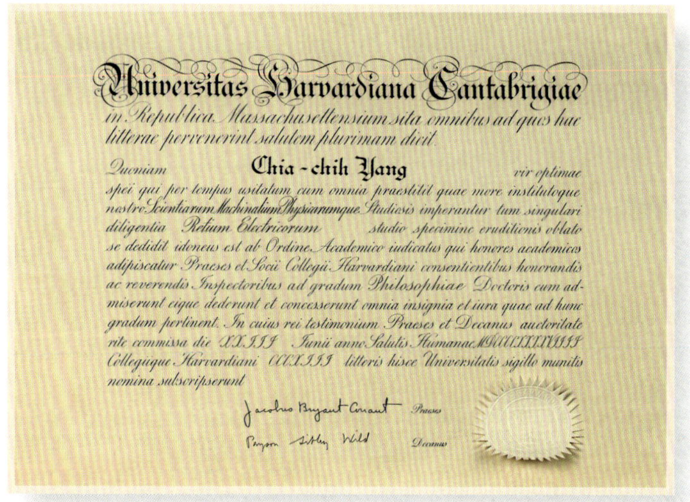

Universitas Harvardiana Cantabrigiae
in Republica Massachusettensium sita omnibus ad quos hae
litterae pervenerint salutem plurimam dicit.
Quoniam Chia - chih Yang vir optimae
spei qui per tempus usitatum cum omnia praestitit quae more instituloque
nostro Scientiarum Machinalium Physicarumque Studiosis imperantur tum singulari
diligentia Retium Electricorum studio specimine eruditionis oblato
se dedidit idoneus est ab Ordine Academico iudicatus qui honores academicos
adipiscatur Praeses et Socii Collegii Harvardiani consentientibus honorandis
ac reverendis Inspectoribus ad gradum Philosophiae Doctoris eum ad-
miserunt eique dederunt et concesserunt omnia insignia et iura quae ad hunc
gradum pertinent. In cuius rei testimonium Praeses et Decanus auctoritate
rite commissa die XXIII Junii anno Salutis Humanae MDCCCCXXXXVIIII
Collegiique Harvardiani CCCXIII litteris hisce Universitatis sigillo munitis
nomina subscripserunt

Jacobus Bryant Conant Praeses
Payson Sibley Wild Decanus

杨嘉墀的哈佛大学博士学位证书

HARVARD UNIVERSITY – GRADUATE SCHOOL OF ARTS AND SCIENCES

DEGREES CONFERRED
S.M., October 1947
Ph.D. June, 1949

NAME Yang, Chia-chin

DEGREES (on admission) B.S. Chiao-Tung Univ. 1941

1946-7 FIRST YEAR	GRADES Course	Half-Course	1947-48 SECOND YEAR	GRADES Course	Half-Course	1948-1949 THIRD YEAR	GRADES Course	Half-Course	FOURTH YEAR	GRADES Course	Half-Course
Spring Term			Summer Term								
Applied Science 15b		A+	Physics 28		[illegible]	Applied Science 211		A			
" " 21b		A	" 31		[illegible]	(fall)					
" " 23a		A	*Electrical Engineering			Applied Science 322		A			
" " 24b		A	(MIT) 6.651		H	(fall)					
			*Electrical Engineering			Laboratory Privileges					
			(MIT) 6.[illegible]		H	(spring)					
			Fall Term								
			Applied Science 26a		A						
			" " 27a		B						
			Physics 40a		B						
			*Electrical Engineering		H						
			(M.I.T.) 6.[illegible]								
			*Electrical Engineering								
			(M.I.T.) 6.652		(credit)						
			Spring Term								
			Applied Science 20m		A						
			" " [illegible]		[illegible]						

*Courses taken at the Massachusetts Institute of Technology where the scale of grades is as follows:
H passed with honor
C passed with credit
P passed
L barely passed
F conditioned

Tuition fee $200 | $200 $200 100 | [illegible] $155

Field ESAP

Withdrew

General Examination Passed for

Oral Final Examination Passed for Ph.D. in Eng. Sci. and Applied Physics, May 23, 1949

The established grades are A, B, C, D, and E. A grade of A, B, Credit, Satisfactory, or Excused indicates that the course was passed with distinction. Only courses passed with distinction may be counted toward a higher degree.

Date MAR 14 1950 Reginald H. Phelps [illegible]

杨嘉墀的哈佛大学成绩单

1951 年，杨嘉墀与徐斐在波士顿举行婚礼

1953 年，杨嘉墀成功研制自动快速记录吸收光谱仪（“杨氏仪器”），结束了光谱仪手动的历史

1989 年 2 月，杨嘉墀在美国宾夕法尼亚大学与老同事重逢

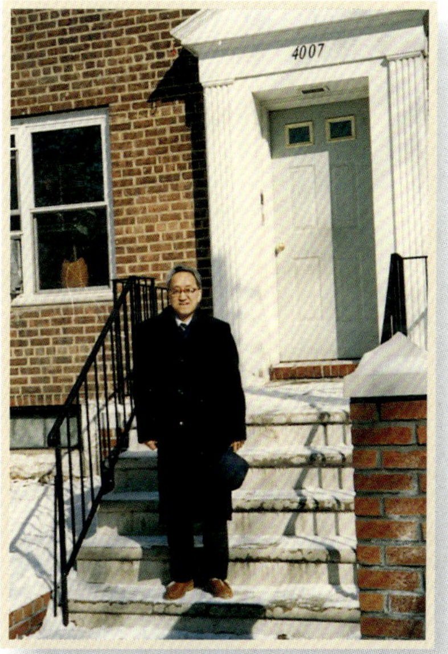

1989 年 2 月，杨嘉墀重访纽约旧居（法拉盛 193 街 4007 号）

THE REVIEW OF SCIENTIFIC INSTRUMENTS VOLUME 25, NUMBER 8 AUGUST, 1954

A Rapid and Sensitive Recording Spectrophotometer for the Visible and Ultraviolet Region. I. Description and Performance

CHIA-CHIH YANG* AND VICTOR LEGALLAIS
Johnson Research Foundation, University of Pennsylvania, Philadelphia, Pennsylvania

(Received November 2, 1953)

A double-beam recording spectrophotometer has been developed for rapidly obtaining spectra of labile intermediates in biochemical reactions. Light from a monochromator is split into two beams by a chopping mirror and then the ratio of light intensities in two optical paths is measured. This ratio is expressed as percent absorption or converted electronically into units of optical density. Results are recorded on a linear wavelength scale at a maximum rate of 6 mμ per second. A servo system corrects the nonlinearity of the wavelength scale of the quartz monochromator. The noise level corresponds to a change of optical density of 10^{-4} at 400 mμ with a spectral interval of 3 mμ. The over-all accuracy on standard solutions (National Bureau of Standards) is about 2 percent. The air-against-air zero absorption line varies only 0.004 in optical density from 210 to 650 mμ.

1. INTRODUCTION

THE increasing application of spectrophotometry to different fields of science has recently stimulated various designs of automatic instruments which can record spectra directly as graphs of percent transmission or optical density against wavelength. The instruments developed by Hardy,[1] Coor and Smith,[2] Savitsky and Halford,[3] Kaye and Devaney,[4] Cary,[5] and others have given satisfactory operation under various conditions. An outline of the main features of the existing instruments working in the visible or ultraviolet region is shown in Table I, in which numerical values obtained from the references have been converted to the same units of optical density. All of these schemes use a double-beam arrangement for high accuracy and stability. Recently, however, the American Optical Company has developed a rapidly scanning spectrophotometer with a single-beam design. This instrument produces absorption spectra in the visible region (400–700 millimicrons) on the screen of a cathode ray tube 60 times per second. Both the noise level and the baseline of such a single-beam instrument will necessarily depend on the stability of the light source.

The present instrument was designed with sufficient sensitivity and versatility for biological and biochemical research. In addition to the great economy which was achieved by using very little mechanical work, the following requirements have been observed: (1) The apparatus should be sensitive to small changes

TABLE I. Comparison of double-beam recording spectrophotometers working in the visible and ultraviolet region.

Type	Modulation system	Light ratio system	Nature of recording	Wavelength scale mμ	Reproducibility in O.D.	Baseline error in O.D.	Speed	Remarks
Hardy (G.E.)	rotating polarizer	one phototube optical servo	absorption[a]	400–700 uniform	0.001	0.004	3 mμ/sec	
Coor & Smith	dc	two phototubes potentiometer	absorption	200–700 uniform	0.005	···	0.27 mμ/sec in uv	error due to the balance correcting device
Kaye & Devaney (Beckman)	rotating mirrors	one phototube slit servo	absorption	210–2700 nonuniform	0.003	0.013	3 mμ/sec av. in visible	noise due to the modulation system
Cary (Applied Physics)	rotating disk	two phototubes potentiometer servo	absorption or O.D.	210–600 uniform	0.01	0.004	1.25 mμ/sec in visible 0.5 mμ/sec in uv	uses double monochromator
This paper	vibrating mirror	one phototube electronic feedback	absorption or O.D.	210–650 uniform	0.001	0.004	6 mμ/sec in visible 2 mμ/sec in uv	

[a] Absorption is considered the same as transmission here.

* Present address: Rockefeller Institute for Medical Research, New York City.
[1] A. C. Hardy, J. Opt. Soc. Am. **28**, 360 (1938).
[2] T. Coor, Jr., and D. C. Smith, Rev. Sci. Instr. **18**, 173 (1947).
[3] A. Savitzky and R. S. Halford, Rev. Sci. Instr. **21**, 203 (1950).
[4] W. Kaye and R. G. Devaney, J. Opt. Soc. Am. **42**, 567 (1952).
[5] H. Cary, Ind. Eng. Chem. **39**, 75A (1947).

801

杨嘉墀在《科学仪器评论》发表关于自动快速记录吸收光谱仪的研究论文第一部分

placed in the two cuvettes (1 cm optical path) giving the baseline, trace *a*. A substrate, succinate, is then added to one cuvette (sample) so that the absorbing pigments in the particles become reduced, and trace *b* is drawn. The difference between traces *b* and *a* corresponds to the reduced-minus-oxidized spectrum.

ACKNOWLEDGMENTS

The authors are indebted to Dr. Britton Chance for suggestions and criticism. Thanks are also due Mr. Matthew Conrad for valuable discussions, and Miss Ruth Aney for helping in the preparation of the manuscript.

THE REVIEW OF SCIENTIFIC INSTRUMENTS VOLUME 25, NUMBER 8 AUGUST, 1954

A Rapid and Sensitive Recording Spectrophotometer for the Visible and Ultraviolet Region. II. Electronic Circuits

CHIA-CHIH YANG*
Johnson Research Foundation, University of Pennsylvania, Philadelphia, Pennsylvania
(Received November 2, 1953)

The electronic photometer of a recording spectrophotometer is described in detail. Sources of error of the circuit and experimental measurements of the inherent noise of the system are discussed. A segmented diode circuit is described for converting data in absorption to units of optical density with an accuracy of better than 1 percent. The electronic circuit of the servo system to correct the nonlinearity of the wavelength scale is also described.

1. INTRODUCTION

In a previous paper,[1] a recording spectrophotometer for the visible and ultraviolet region has been described. In this paper we will describe the electronic circuits and, in particular, the limitations placed upon accuracy by the circuitry and inherent noise of the system. The technique may be applied not only to recording spectrophotometers, but also to direct reading densitometers and in comparing emission spectra of light sources.

2. LIGHT RATIO CIRCUIT

In the time-sharing double-beam spectrophotometer the light falling on the photomultiplier follows a square wave form obtained by switching light alternately along the two paths of the spectrophotometer. We may call I_0 the emergent light flux in the reference path and I the light flux in the sample path. The switch S in Fig. 1, which is operated synchronously with the switching of the light, closes the automatic gain control circuit when the reference light flux is falling on the photomultiplier. Assuming infinite gain of the control circuit, output voltage from the cathode follower stage during this half-cycle should equal the reference voltage V_0, thus,

$$V_0=(kI_0+i_d)R+V_c, \tag{1}$$

where k is the sensitivity of the photomultiplier (a function of its dynode voltage), R the load resistance, i_d the dark current, and V_c the dc level change introduced by the cathode follower. During the next half-cycle when the light flux I is falling on the photomultiplier, the switch S is opened and the sensitivity of the photomultiplier is maintained the same as it was during the previous half-cycle. The voltage output is now

$$V=(kI+i_d)R+V_c. \tag{2}$$

Therefore the output of the cathode follower is approximately a rectangular wave, the amplitude of which is

$$V_0-V=kR(I_0-I). \tag{3}$$

Eliminating k from Equations (1) and (3), we have

$$V_0-V=(V_0-V_c-i_dR)\frac{(I_0-I)}{I_0}. \tag{4}$$

Thus the ac component of the output voltage is proportional to the absorption of the sample in one light path with respect to the absorption of the reference cell in the other path. The effect of the zero level change due to the use of the cathode follower and the dark current of the photomultiplier enters only as a correction term to the reference voltage. By adjusting zero and gain control, two points in the detected output may be made to correspond to zero and 100 percent absorption; then one can measure the unknown absorption on a linear scale (Eq. 4). For a recording spectrophotometer, it is necessary to limit the variation of V_c and i_dR over the spectrum to a small fraction of the factor $(V_0-V_c-i_dR)$. By using a sufficiently high-level reference voltage (40 v) the change in V_c and V_0 due to drift in the cathode follower and in the comparison amplifier can be made negligibly small compared to the reference

* Present address: Rockefeller Institute for Medical Research, New York City.

[1] C. C. Yang and V. Legallais (Part I of this paper), Rev. Sci. Instr. 25, 801 (1954).

杨嘉墀在《科学仪器评论》发表关于自动快速记录吸收光谱仪的研究论文第二部分

归国报效

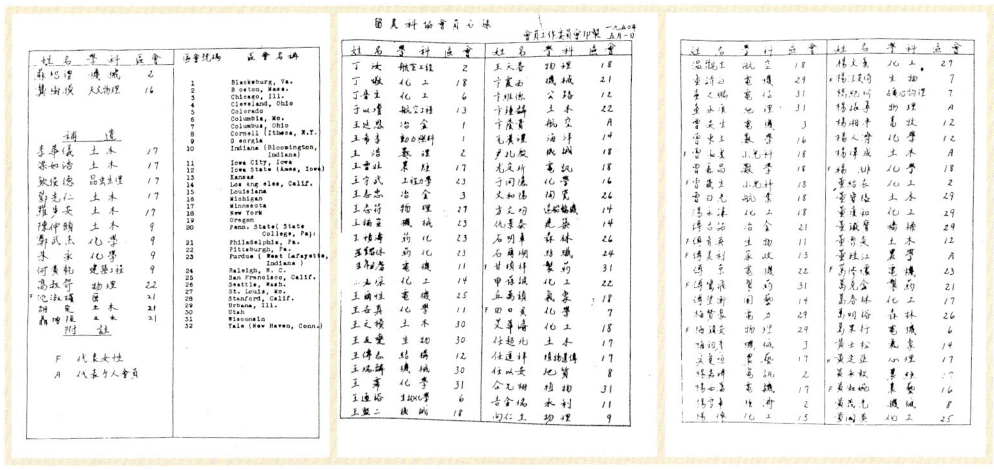

區會號碼	區會名稱
1	Blacksburg, Va.
2	Boston, Mass.
3	Chicago, Ill.
4	Cleveland, Ohio
5	Colorado
6	Columbia, Mo.
7	Columbus, Ohio
8	Cornell (Ithaca, N.Y.
9	Georgia
10	Indiana (Bloomington, Indiana)
11	Iowa City, Iowa
12	Iowa State (Ames, Iowa)
13	Kansas
14	Los Angeles, Calif.
15	Louisiana
16	Michigan
17	Minnesota
18	New York
19	Oregon
20	Penn. State(State College, Pa):
21	Philadelphia, Pa.
22	Pittsburgh, Pa.
23	Purdue (West Lafayette, Indiana)
24	Raleigh, N. C.
25	San Francisco, Calif.
26	Seattle, Wash.
27	St. Louis, Mo.
28	Stanford, Calif.
29	Urbana, Ill.
30	Utah
31	Wisconsin
32	Yale (New Haven, Conn.)

1950 年，留美科协会员工作委员油印的《留美科学家名录》影印件

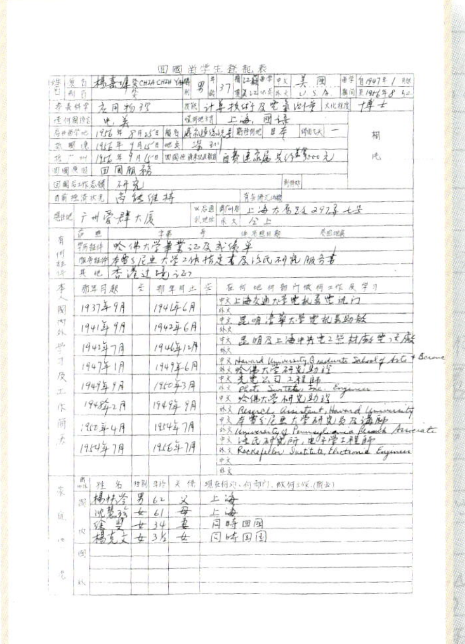

回國留学生登記表

姓名	楊嘉墀 CHIA CHIH YANG
性别	男
年龄	37
留学国别	美国 U.S.A.
留学期间	自1947年1月 至1956年8月
专长科学	应用物理
技能	计算技術及電量測量
文化程度	博士
通何国語言	中、英
懂何地方语	上海、国语
离开留学地	1956年8月25日
抵深圳	1956年9月15日
地点	深圳
抵广州	1956年9月15日
回国原因	回国服務
回国后工作志愿	研究
目前经济状况	自能維持
通讯地址	广州爱群大厦
	上海大名路292弄七号
	全上

有何証件

学历証件	哈佛大学毕業证及成績单
服务証件	本雪文尼亚大学工作指定書及洛氏研究服务書
其他	香港过境証

本人國内外学习及工作简历

那年月起	那年月止	在何地何部门做何工作及学习
1937年9月	1941年6月	中文 上海交通大学电机系电讯门
1941年9月	1942年6月	中文 昆明清華大学电机系助教
1942年7月	1946年12月	中文 昆明及上海中央电工器材厂
1947年1月	1949年6月	中文 Harvard University, Graduate School of Arts + Science 外文 哈佛大学研究助理
1949年9月	1950年3月	中文 光电公司工程師 外文 Photo Switch, Inc. Engineer
1948年2月	1949年9月	中文 哈佛大学研究助理 外文 Research Assistant, Harvard University
1950年4月	1954年7月	中文 本雪文尼亚大学研究员及讲師 外文 University of Pennsylvania Research Associate
1954年7月	1956年7月	中文 洛氏研究所，电子学工程師 外文 Rockefeller Institute, Electronic Engineer

家庭状况

姓名	性别	年龄	关係	现在何地、何部门、做何工作（职业）
楊林岑	男	62	父	上海
沈慧琴	女	61	母	上海
徐斐	女	34	妻	同時回国
楊克文	女	3½	女	同時回国

1956 年 9 月 15 日，深圳入关时，杨嘉墀夫人徐斐代为填写的“回国留学生登记表”

1956 年 10 月，杨嘉墀加入中国科学院自动化及远距离操纵研究所。图为杨嘉墀居住的中关村宿舍区

回国后，杨嘉墀（后排右一）与夫人徐斐先后探望双方父母及亲属

THE ROCKEFELLER INSTITUTE FOR MEDICAL RESEARCH
66TH STREET AND YORK AVENUE
NEW YORK 21, N.Y.

23 July 1956

To Whom It May Concern:-

Dr.Chia Chih Yang has been in the employ of the Rockefeller Institute for Medical Research from July 1954 through July 1956.

During that time he has been an electronic engineer concerned with the design,development,evaluation and use of instrumentation to aid research in biology and medicine. In addition, he has done some teaching of electronics to graduate students.

He has made outstanding contributions to the design of spectrophotometers for the study of enzyme kinetics;and to techniques for the measurement of response time in very-high-impedance electrodes used in investigating neurone action potentials. He has done considerable work in the design and refinement of analog computers,as well as devising suitable programs for their application to biological problems.

He has displayed imagination and initiative,and his relationship with biologists and physicians has been one of co-operation marked by pleasant personal feelings.

It is with considerable regret that I see him leave the Institute.

J.P.Hervey

J.P.Hervey

(Senior Electronic Engineer)

1956 年，纽约洛克菲勒医学研究所 J.P.HERVEY 教授为兼任该所高级工程师的杨嘉墀撰写的推荐信

UNIVERSITY of PENNSYLVANIA
PHILADELPHIA 4

DONALD K. ANGELL
Vice-President and Secretary

April 17, 1953

Dear Dr. Yang:

On behalf of the Trustees of the University, I have been authorized to confirm your status as a member of the teaching staff as Associate in Medical Physics in the School of Medicine for a term of one year, beginning July 1, 1953 and ending June 30, 1954

Sincerely yours,

Donald K. Angell

Donald K. Angell

Dr. Chia-Chih Yang
5417 Chancellor Street
Philadelphia, Pennsylvania

UNIVERSITY of PENNSYLVANIA
OFFICE OF THE VICE-PRESIDENT AND SECRETARY
PHILADELPHIA 4, PA.

PHILADELPHIA PA. APR 20 53 U.S. POSTAGE 03

Dr. Chia-Chih Yang
5417 Chancellor Street
Philadelphia, Pa.

1953 年 4 月 17 日，杨嘉墀被续聘为宾夕法尼亚大学研究人员的信函

协力同心 两弹一星

从零开始埋头攻，"两弹一星"献宏献。从火箭试验特殊仪表研制，到核潜艇反应堆控制，从核弹试验火球测温，到导弹试验"151工程"，杨嘉墀在自主研究"两弹"的峥嵘岁月中担负秘密使命，甘当无名英雄，为尖端技术创新默默奉献。在"两弹"试验成功后，他全力转向空间技术，带领科研团队自力更生，潜心攻关，成功研制"东方红一号"等人造卫星的控制系统，为我国航天事业开疆辟土。1999年，杨嘉墀院士被授予"两弹一星"功勋奖章。

"两弹一星"精神激励和鼓舞了几代人，是中华民族的宝贵精神财富。

——习近平

中国当代著名油画家汪诚一、郑毓敏、胡申得、施绍辰以"两弹一星"元勋为主题，合作创作了巨幅群体肖像作品——《请历史记住他们》。画中描绘的科学家由左至右依序是：王大珩、郭永怀、王希季、钱骥、任新民、孙家栋、钱学森、陈芳允、黄纬禄、于敏、钱三强、赵九章、杨嘉墀、朱光亚、邓稼先、彭桓武、王淦昌、屠守锷、程开甲、周光召、姚桐斌、吴自良、陈能宽。

1958 年，大批特种工程部队官兵开进巴丹吉林沙漠，投入导弹发射场的建设

1959 —1961 年，粮食供应骤减，导弹发射条件艰苦卓绝，承担发射任务的基地官兵们以野菜充饥

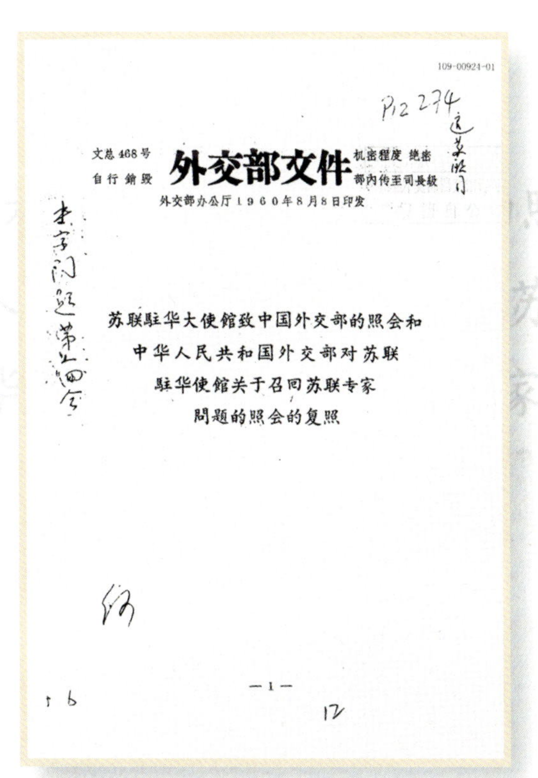
109-00924-01

文总468号 自行销毁 **外交部文件** 机密程度 绝密 部内传至司長级

外交部办公厅1960年8月8日印发

苏联駐华大使館致中国外交部的照会和
中华人民共和国外交部对苏联
駐华使館关于召回苏联专家
問題的照会的复照

—1—

1960年7月16日，苏联照会中国政府，单方面决定召回在华苏联专家，我国进入自主研制原子弹阶段

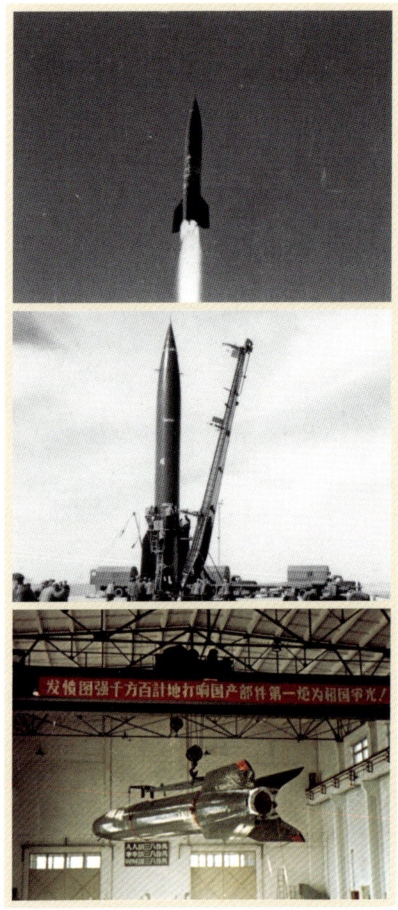

1960 年 11 月 5 日，中国第一颗导弹“东风一号”成功发射。1961 年，杨嘉墀所在的自动化研究所承担导弹科研项目“151 工程”

1963 年，杨嘉墀接受“21 号任务”，负责研制核弹爆炸试验中的测量仪。1964 年 10 月，我国第一颗原子弹爆炸试验成功

低估的科技开发实力。

三

建国初期到60年代初期，中国科学院参与“两弹一星”的研制工作基本是交叉进行的。

1961年初，我们接受了“151工程”任务。

“151工程”是在地面上模拟超声速飞行器在飞行过程中气动加热、加载环境的试验设备。该设备将用于装备高速飞行器热应力试验室。工程系统设备可以实施单独加温、加载，联合加温、加载，其多点测量系统可以记录飞行器结构以及在给定程序温度、程序载荷条件下的应变、温度、变形过程。

1961年初，国防部五院向中国科学院提出了一系列有关火箭导弹的大型综合性任务，其中就包括“151工程”。这项工程经国防科委批准，委托中国科学院自动化所承担，实际上就是大型热应力试验设备的研制任务。

任务下达之后，我们就做了具体安排，对各项工作进行了分工。当时，由我兼任总体工作，叶正明同志任业务负责人，并组成了以中国科学院自动化研究所为主，五院一分院（七机部702所）10余人参加的、约60余人的研制队伍。另外，参加研制工作的协作单位还有：中国科学院的其他四个研究所以及一机部上海机床厂等单位。

经过研究，中国科学院自动化所提出，“151工程”分3个系统研制，即加热系统、加载系统和测量系统。

3个系统样机的研制工作于1965年初得以完成，并于同年下半年在七机部702所由国防科委组织全国有关热应力试验设备的专家进行了鉴定。专家们一致认为，

鉴定结果表明，就国内现有情况看，此3套系统均有较高水平，满足了协议书中的指标要求，可将此设备交七机部702所试用。702所运用这些设备（七机部702所曾对自动化所交去的3套样机，复制了若干套），对导弹弹头、尾翼，以及歼8高速飞机的结构，进行了地面试验，取得了预期的结果。

改革开放后，七机部702所对其中的电子设备进行了更新，但其中由自动化所研制的系统结构、系统调试方法，仍是沿用的。另外，三机部12所在1968年左右，曾参照自动化所研制的样机，加工了若干套，装备了他们的热应力试验室。

“151工程”是在没有任何国外技术资料的情况下，完全靠我们自己的力量，用国产的元件、器材自行研制成功的。虽然当时我国的基础较差，尤其是工业基础较差，但好在我们有前面“581”任务的经验，有与中科院研究所合作进行风洞试验的基础，用我们在理论上的高水平弥补了工业基础较差的不足。

在测量系统中，我们突破了弱信号模拟数字转换器的技术难关；在加载系统中，又拿下了液压伺服机构等关键技术；在控制方面，我们克服了加热系统的信号变化剧烈的困难，采用复合控制使误差减少，当时在国内技术处于领先地位。时至今日，热应力试验设备对火箭、导弹卫星、高速飞机，仍是不可缺少的地面试验工具。可以说，“151工程”在当时是填补热应力试验这一国内空白，而现在仍对军工任务延续有用的一项任务。

我作为“151工程”任务的总体负责人，对各个具体项目同样负有责任。对于每一个重要试验，我都要亲自参与，对于重要的技术问题，经常提供一些资料，及时提出

自己的意见，供大家参考，与大家广泛沟通，并发挥每个人的智慧，为“151工程”任务的完成提供了保证。

所领导对这项任务也很关心，鼓励大家安心军工任务，努力拼搏，把自己的才华贡献给国家。科学院领导对这项任务也非常关心，当时主管的秦力生副秘书长不但要定期听我们的工作任务汇报，而且还随时进行一些鼓励性的讲话。就连日常事务非常繁忙的张劲夫副院长在151工程的研制设备要移交到七机部702所的前夕（1965年7月）也来到自动化所，观看了全部设备的演示。

由于各级领导的关心，“151工程”从1961年3月起到1965年9月止，历时四年半。其中，所有参加研制工作的科研人员还共同经历了三年自然灾害的困难时期，大家并没有因为暂时困难而出现任何的松懈情绪。

“151工程”是一项硬任务，不允许有半点差错，“151工程”又是一项综合性的任务，需要自动化学科的各种专业人才，这些专业人才在完成任务中得到的知识积累和技术经验，可以用于以后参加的同类学科研究和相近的课题中，有的可以延伸，并可促进这一学科的向前发展。

回顾当年参与“两弹一星”工作的日日夜夜，往事历历在目。“两弹一星”任务的完成，不仅显示出在发展高尖端科学技术方面我们所具备的能力、水平，同时，也反映出我们所具有的自强、自力，团结协作，吃苦耐劳的奋斗精神。“两弹一星”任务的完成，不仅培养了人才，锻炼了人，还带动了相应学科的发展。

回忆过去，悠悠岁月令人难忘！本文在成文过程中参考了肖功弼和叶正明提供的材料，特此表示感谢。

1999年8月（杨虹整理）

杨嘉墀作为“151 工程”总负责人，回忆“151工程” 中研制导弹热应力试验装置的工作

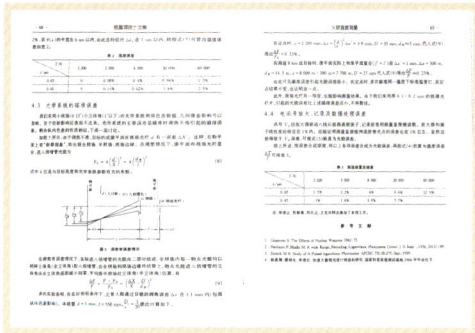

1979 年，杨嘉墀、廖炯生、肖功弼发表于计量学会年会的论文《火球温度测量》

1958 年 8 月，中国科学院成立专门研究我国人造卫星问题的“581”组，钱学森任组长，杨嘉墀为成员之一。上图为“581”组旧址——西苑操场甲 1 号，下图为“东方红一号”卫星初期总体组成员

1958 年，访苏代表团在苏联雅尔塔海港留影（左一为杨嘉墀）

199
第八章
新的起点 发展卫星

钟。这里误差较大，可由以后的校正系统来修正。卫星在轨道上运行，当其旋转轴垂直于轨道平面时，两个红外地平扫描仪扫过地面的角度相等，故没有信号输出，小喷嘴不喷气。如果旋转轴不垂直于轨道平面，两台红外地平扫描仪扫过地面的角度不等，则有信号输出，使小喷嘴喷气，以修正旋转轴的方位。为了提高喷气效率，必须利用电子线路将比较宽的感受角信号变成窄的脉冲，这就需要消耗2瓦的功率。也可以在卫星赤道上另装两个小夹角的红外敏感元件，来控制脉冲的宽窄。为了测量卫星的姿态，初步的意见是采用红外地平扫描仪，太阳角计和在卫星上安装几块镜子来确定，但这种办法尚不够成熟。

接着，会议对新方案进行了讨论。曾宪波同志提到，太阳角计用做测量姿态，问题比较大。对姿态测量需要做进一步的论证。沈以明同志认为，装1千克氮的气瓶，结构质量是3千克；装2千克氮的气瓶，结构质量将会大大增加。是否需要那么多氮，要进一步考虑。也有的同志提出，转速小，喷气效率高，转速太大，要消耗大量气体。此外，姿态控制还要求一定的发射时间，因为所有控制元件的安装，都是按照发射时间计算好了的。

1965年11月9日、10日，"651会议"领导小组分别听取卫星本体组、运载工具组和地面组对卫星论证情况的详细汇报，并讨论研究了下一阶段的论证工作。杨嘉墀按照领导小组的要求，把姿态控制的研究情况，进行归纳整理，连夜起草了一篇《关于姿态控制问题》的报告，1965年11月17日刊载在《我国第一颗人造卫星论证会议简报》第9期上。全文如下：

关于姿态控制问题

我国发展人造卫星是为国防服务的，今后将要发射一系列的侦察、通信、气象、预警等军事应用卫星和载人飞船。这些卫星或飞船都要求与地球（有些尚需与太阳或其他天体）保持一定的空间关系，也就是说卫星需要保持一定的姿态。

200 杨嘉墀院士传记
Academician Yang Jiachi's Biography

卫星的照相机和电视摄像机的镜头要保持对准地面；卫星上的天线要保持一定位置，使卫星能够接收地面指令，也使地面能够收到卫星发出的信号；预警卫星需要侦察到地球背面的情况，还要用卫星之间的定向通信传送回来；回收卫星与载人飞船重返地球时，要求按预先确定的要求改变卫星姿态，以保证能在预定地点着陆；太阳能电池要求能对准太阳，以获得最大的能源，等等。随着人造卫星的发展，姿态控制的任务也日益繁重。在美、苏后期发射的卫星中，无论在能量的耗损，还是在设备所占质量等方面来讲，姿态控制都占了很大的比重。在我国计划发射的第一颗人造卫星上，要求保证天上、地面有可靠的无线电联系；而在第二颗、第三颗等一系列卫星上，则要求解决照相、回收技术。因此，大家认为姿态控制很重要，在确保各项指标的同时，在第一颗卫星上需要进行姿态控制试验。

卫星姿态可以采用自转进行稳定，而干扰引起的漂移可用喷气装置自动进行校正。在这种控制方案中，需要研究试制测量与地球位置关系的红外地平仪；测量与太阳位置关系的太阳敏感器；校正卫星姿态的喷气装置以及消除火箭与卫星分离时所产生扰动的阻尼器等。对姿态要求更严格的卫星则可以采用三轴稳定的方案，在这一方案里，除了需要采用前面的元件外，尚需要研究试制有关陀螺测量元件和惯性轮执行元件等。在卫星轨道高度较高，而且允许的质量又大时，则尚可采用重力场稳定的方案等。在会议讨论过程中，因考虑到第一颗卫星质量较小、轨道较低、要求姿态控制精度不高，况且姿态控制工作尚处于起步阶段，以前没有太多的基础，因而确定采用自转加校正的方案。另外，带着卫星一起进入轨道的第三级火箭也需要采用自转来稳定。因此，采用自转加校正的姿态控制系统方案是较为合适的。

自转加校正的控制方案的原理及控制过程，是当末级火箭进入轨道，将卫星弹射出来后，卫星自转轴是在轨道平面内且与地面相平行。由于卫星具有每

201
第八章
新的起点 发展卫星

分钟180转的旋转速度，好似陀螺一样，卫星将在宇宙空间保持稳定。但因卫星运行轨道是绕地球旋转，当运行一段距离之后，卫星的自转轴就不平行于地面了（譬如卫星沿轨道走到1/4圈时，自转轴就垂直于地面了）。因而卫星对地球而言，其姿态就时时刻刻在变化。为了使卫星对地球的姿态保持不变，则必须将卫星自转轴转动90°，使其垂直于轨道平面。这样就好像一个陀螺沿着地球在滚动，从而达到稳定姿态的目的（这样的方案只能是面轴稳定）。然而，由于受到地磁场、气动力等的影响，卫星在长期运行中，它的自转轴还会出现偏离变化的。因此，还需要进行相应的校正。不过这里应该说明的是，上述的使自转轴转动及校正，均是利用在卫星上安装的红外地平仪、太阳测角器及喷气机构等完成的，且完全是自动进行的。地面上只是通过遥测测得其姿态变化，以便了解控制系统的工作情况，作为进一步发展控制技术研究的参考。

姿态控制系统的分析和地面试验也是一项非常艰巨的工作。这是因为卫星在空间所受的干扰力矩是非常小的，因此，它必须在摩擦力矩极小的气垫试验台上进行。而这种试验台需要保持在真空、高低温以及太阳辐射等环境状态下工作。同时还要求提供测量试验台转角、转速等数据。因此，地面模拟试验设备的研制，需要进行大量细致的工作。

202 杨嘉墀院士传记
Academician Yang Jiachi's Biography

姿态测量计算是与姿态控制密切相关的另一项重要工作。根据从卫星上传下来的红外地平仪、太阳敏感器等信号，在地面上计算出卫星在空间的实际姿态。这对于了解姿态控制精度、解释卫星测得的数据或者摄得的相片，以及正确完成卫星使命等均具有重大意义。

为了充分发扬技术民主，贯彻群众路线，使方案论证收到集思广益之效果，同时也是为把方案修订得更为完善，11月25日到27日，会议对总体、卫星本体、运载工具、地面系统四个技术方案进行了综合论证。

11月25日召开的综合论证全体会议，由中国科学院裴丽生副院长主持。列席会议的领导有国防工办副主任李如洪，国防科委副主任罗舜初、张震寰，国家科委副主任张有萱，中国科学院副院长张劲夫，七机部副部长钱学森，一机部副部长孙友余，通信兵部副参谋长罗长波等。

会上，赵九章在《我国第一颗人造卫星总体设想方案（草案）》的说明报告中，就我国第一颗人造卫星的目的、任务、主要参数、本体设计、地面观测以及大致工作的进度做了说明。朱毅麟在《我国第一颗人造卫星的运载工具方案设想》的说明报告中，着重阐明了运载工具设计原则和组成、飞行过

在草拟我国第一颗人造卫星总体设计方案的过程中，杨嘉墀对卫星的姿态控制及姿态测量进行了专题论证，认为“采用自转加校正的姿态控制系统方案是较为合适的”

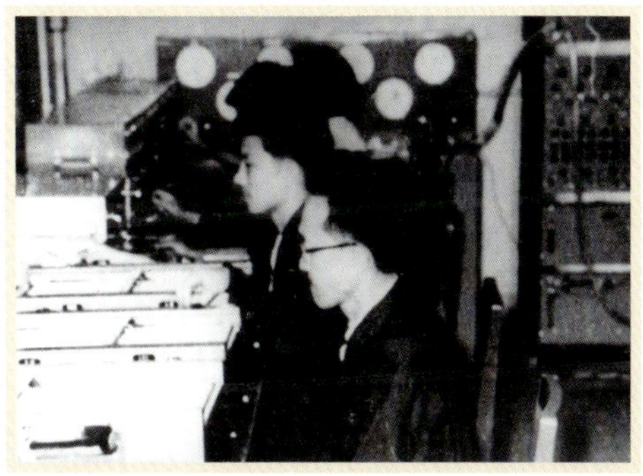

1970 年，杨嘉墀正在进行返回式卫星姿态控制系统半物理模拟实验

1973 年 4 月，中国科学技术代表团访问日本时的合影（前排左七为杨嘉墀）

杨嘉墀（上图前排右四、下图中）率中国科学技术代表团访问日本集成电路、电子计算机、工业自动化等科研机构

1975 年 11 月 29 日，我国第一颗返回式卫星安全返回到预定回收区域。杨嘉墀主持研制的“三轴稳定姿态控制系统”是决定卫星能否成功返回的关键所在

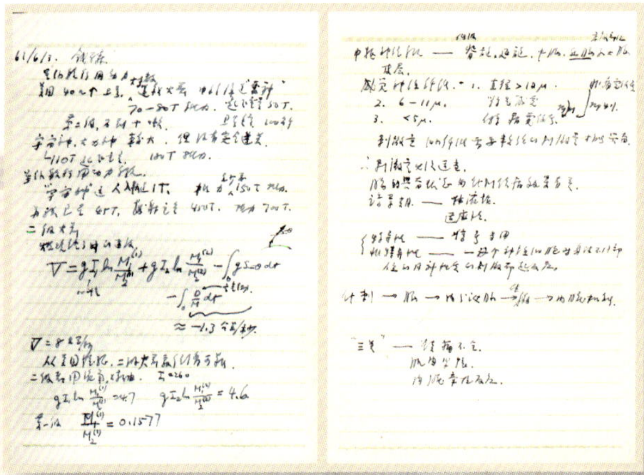

1961 年，杨嘉墀在第一次星际航行座谈会记录的工作笔记

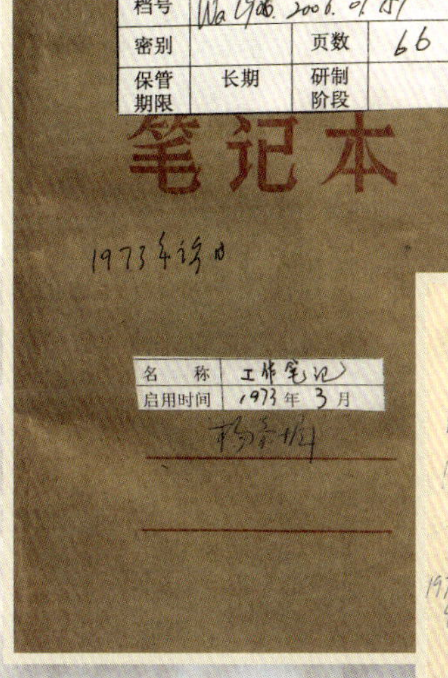

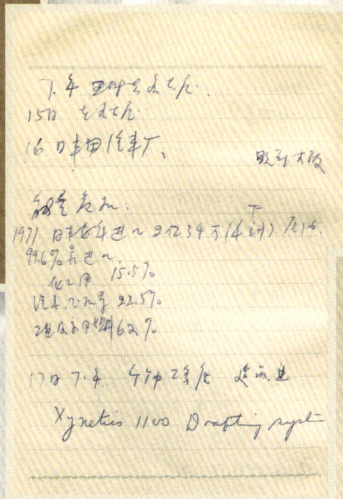

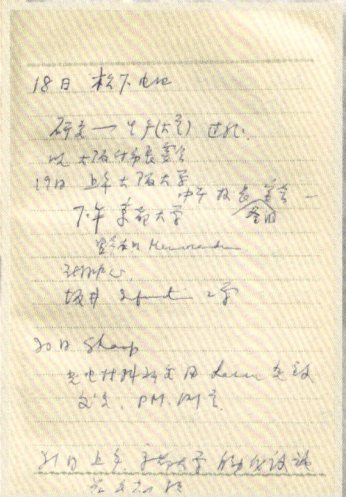

1973 年，杨嘉墀访日的工作笔记（原件存于中国空间技术研究院档案馆）

国家授勋

杨嘉墀（左二）与同时授勋的屠守锷（左一）、黄纬禄（左三）、任新民（右三）、王希季（右二）、孙家栋（右一）在人民大会堂前合影

杨嘉墀佩戴“两弹一星”功勋奖章在人民大会堂前留影

“两弹一星”元勋中的苏州人，从左至右分别为杨嘉墀、程开甲、王淦昌、王大珩

人民日報

RENMIN RIBAO

中共中央 国务院 中央军委决定

表彰为研制“两弹一星”作出突出贡献的科技专家并授予“两弹一星功勋奖章”

中共中央国务院中央军委在京举行大会

隆重表彰为研制“两弹一星”作出突出贡献科技专家

江泽民发表重要讲话 李鹏主持 朱镕基宣读表彰决定 李瑞环胡锦涛尉健行李岚清出席

授予于敏、王大珩、王希季、朱光亚、孙家栋、任新民、吴自良、陈芳允、陈能宽、杨嘉墀、周光召、钱学森、屠守锷、黄纬禄、程开甲、彭桓武和追授王淦昌、邓稼先、赵九章、姚桐斌、钱骥、钱三强、郭永怀“两弹一星功勋奖章”

在表彰为研制“两弹一

1999 年 9 月 19 日，《人民日报》头版

战略前沿 创新航天

胸怀祖国，放眼世界，杨嘉墀院士以科学家的战略眼光助力国家科技进步。他紧盯学术前沿，参与创建中国自动化学科，促进国内外学术交流；他始终高瞻远瞩，提出发展高技术产业化道路，催生载人航天工程，倡议建立北斗导航系统。他与王大珩、陈芳允、王淦昌院士联名上书中央，推动“863”计划发展，走出了一条属于中国人自己的科技之路！

迎头赶上

1957 年，清华大学自动化进修班师生合影（二排右五为杨嘉墀）

1961 年，杨嘉墀在中国科学技术大学中关村校区授课

2003 年，中国科学技术大学自动化系首届毕业生（1958—1963）毕业四十周年纪念合影（前排右六为杨嘉墀）

1960 年，杨嘉墀在莫斯科参加第一届国际自动控制联合会（IFAC）世界大会

1975 年，杨嘉墀（中）赴美国波士顿出席第六届 IFAC 世界大会期间，在哈佛大学与交大老同学王安（右）、朱祺瑶（左）重逢

1978 年，杨嘉墀带队出席芬兰赫尔辛基第七届 IFAC 世界大会，顺访荷兰

1979 年，杨嘉墀（前排左二）带领团队参观英国摩擦学实验室

1990 年，杨嘉墀在莫斯科参加自动控制国际会议

1992 年 9 月，杨嘉墀应邀到 IFAC 原主席 Steve Kaeme（左一）家中交流

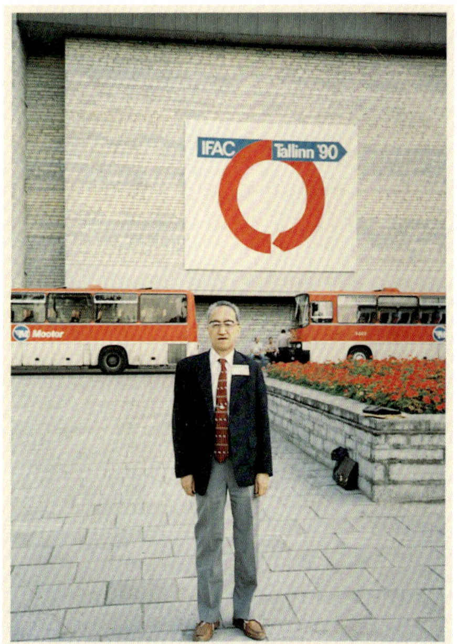

1990 年，杨嘉墀出席爱沙尼亚第十一届 IFAC 世界大会

1993 年，杨嘉墀在悉尼参加第十二届 IFAC 国际大会

二十周年纪念文集

综述 IFAC’99 筹备情况暨历届大会概述

陈翰馥撰文《IFAC’99 筹备情况暨历届大会概述》指出，在北京第十四届 IFAC 世界大会申请过程中，杨嘉墀、宋健、胡启恒、吕勇哉等作出了重要贡献

自动化和技术新革命

杨嘉墀

信息技术与系统控制

杨嘉墀

智能控制在国内的进展

杨嘉墀 戴汝为

自动控制向智能控制发展

杨嘉墀

控制论的发展与自然控制论

杨嘉墀

杨嘉墀发表的部分有关自动化研究的论文

国际交流

1979 年

2 月，欧洲空间局代表团访问我国，赴中国空间技术研究院参观访问。杨嘉墀（二排右一）、任新民（前排右三）、钱骥（三排右二）等接待了代表团

杨嘉墀（中）与任新民（左一）参观欧洲空间局技术研究中心

1980 年

杨嘉墀在美国仪器仪表学会组织的学术会议上发言

1982 年

杨嘉墀（一排左二）访问美国波音公司

1985 年

杨嘉墀在瑞典接受国际宇航科学院院士证书

杨嘉墀（左）与屠守锷在第三十六届国际宇航大会上主持讨论中国航天

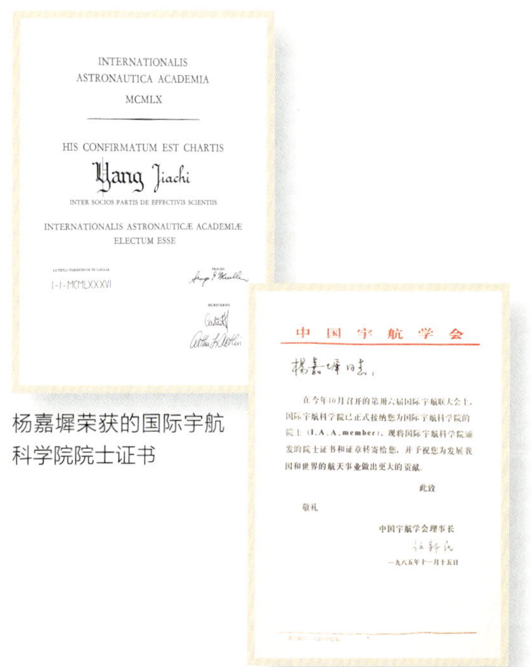

INTERNATIONALIS
ASTRONAUTICA ACADEMIA
MCMLX

HIS CONFIRMATUM EST CHARTIS
Yang Jiachi
INTER SOCIOS PARTIS DE EFFECTIVIS SCIENTIIS
INTERNATIONALIS ASTRONAUTICÆ ACADEMIÆ
ELECTUM ESSE

1-1-MCMLXXXVI

中国宇航学会

杨嘉墀同志：

在今年10月召开的第卅六届国际宇航联大会上，国际宇航科学院已正式接纳您为国际宇航科学院的院士（I.A.A.member），现将国际宇航科学院颁发的院士证书和证章转寄给您，并予祝您为发展我国和世界的航天事业做出更大的贡献。

此致

敬礼

中国宇航学会理事长
任新民
一九八五年十一月十五日

杨嘉墀荣获的国际宇航科学院院士证书

中国宇航学会理事长任新民祝贺杨嘉墀成为国际宇航科学院院士的贺信

1986 年

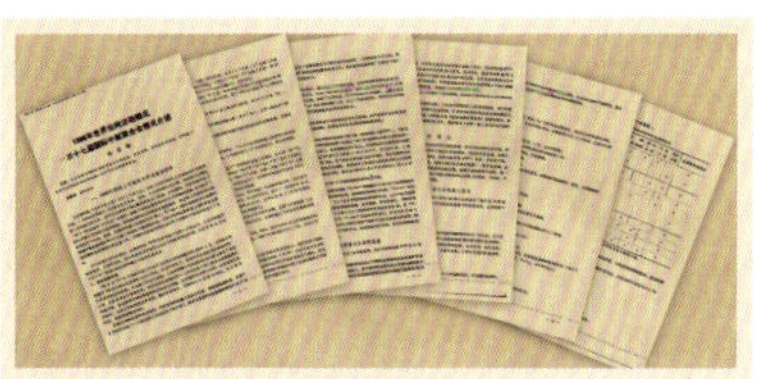

第三十七届国际宇航大会在奥地利举行，杨嘉墀撰文《1986 年世界空间活动概况——三十七届国际宇航联合会情况介绍》

1987 年

杨嘉墀（右二）在国际空间技术产业化研讨会与英美空间专家一起讨论“空间科技发展”

杨嘉墀（右一）、任新民（左二）、屠守锷（右二）在英国参加第三十八届国际宇航大会

1988 年

杨嘉墀（左）与任新民（右）在印度参加第三十九届国际宇航大会

1991 年

杨嘉墀（前排右三）访问日本航空宇宙工业会

杨嘉墀（前排右一）与陆元九（后排左一）会见苏联专家

2000 年

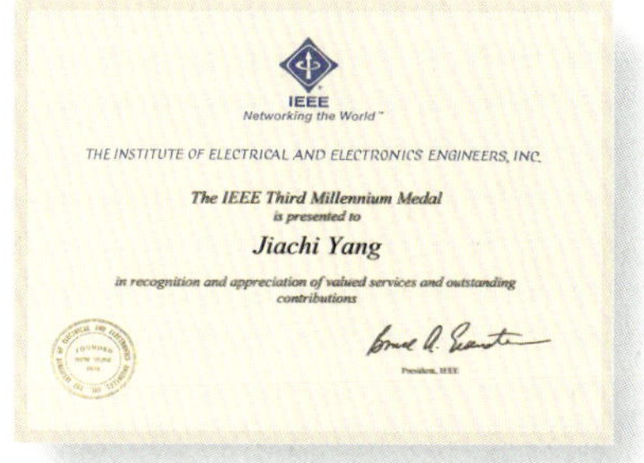

杨嘉墀荣获 IEEE（电气与电子工程师协会）授予的“千年勋章”成就奖证书

高瞻远瞩

中国科学院

敬爱的小平、耀邦、紫阳同志：

首先向您们致敬！

我们四位科学院学部委员（王淦昌、陈芳允、杨嘉墀、王大珩）关心到美国"战略防御倡议"对世界各国引起的反应和采取的对策，认为我国也应采取适当的对策。为此，提出了"关于跟踪研究外国战略性高技术发展的建议"。现经我们签名呈上。敬恳审阅裁夺。

我们四人的现任职务分别是：

王淦昌　核工业部科技委副主任

陈芳允　国防科工委科技委常任委员

杨嘉墀　航天部空间技术院科技委副主任

王大珩　科学院技术科学部主任

王大珩敬上

一九八六年三月三日

1986 年 3 月 3 日，杨嘉墀和王淦昌、陈芳允、王大珩院士向中央提出《关于跟踪研究外国战略性高技术发展的建议》，首倡"863"计划。右图自左向右分别为陈芳允、王淦昌、杨嘉墀、王大珩

陈芳允、王大珩、杨嘉墀、王淦昌（自左向右）合影

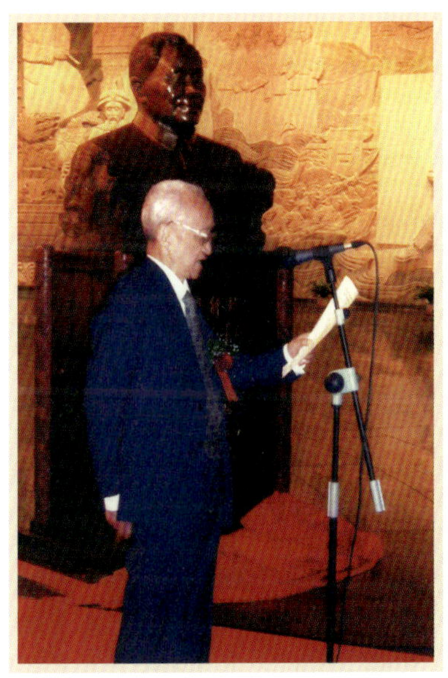

2004 年，杨嘉墀在邓小平同志纪念铜像授赠中华世纪坛揭幕仪式上指出：“20 多年来，我国科技工作在邓小平同志科技思想的指导下，取得了举世瞩目的伟大成就。”

中国空间技术研究院
China Academy of Space Technology (CAST)

邓小平思想引领我们前进

(1) 迎来科技的春天

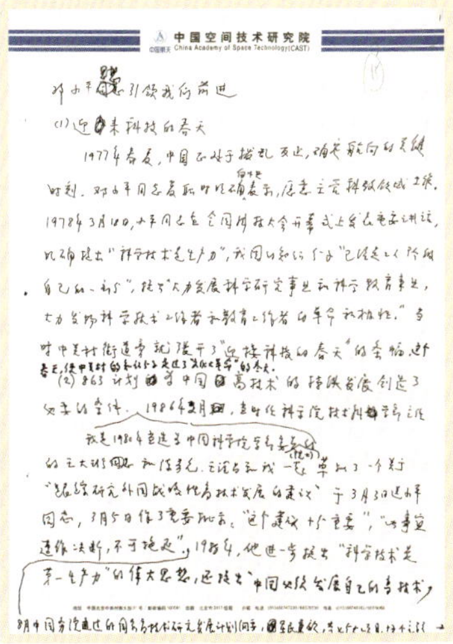

杨嘉墀手稿《邓小平思想引领我们前进》（原件存于中国空间技术研究院档案馆）

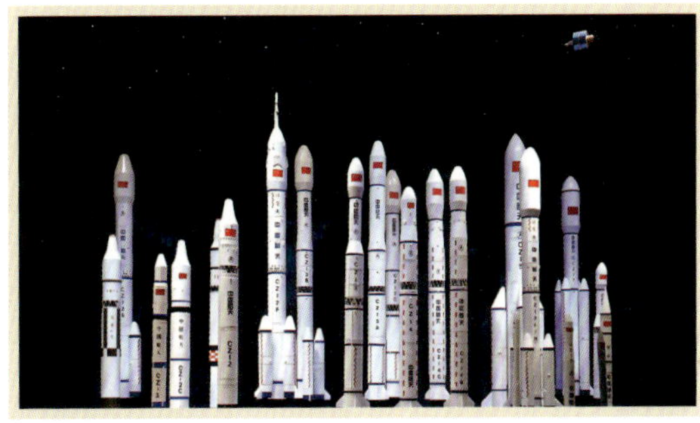

“863” 计划的实施，使中国载人航天研究重新列入了国家重点发展计划，100 亿元的经费中，有 40 亿元用于航天领域项目。航天技术领域是 “863” 计划中第二个重要的高技术领域（简称 863-2）。图为中国历代长征系列运载火箭

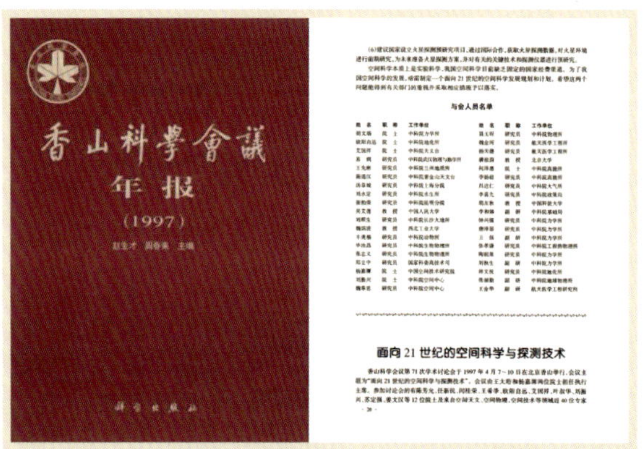

1997 年《香山科学会议年报》。杨嘉墀在此次会议上，召集杨照德、潘厚任、王旭东、朱桂柏等人一同研究起草建议报告，字斟句酌，反复修改

王大珩、王淦昌、杨嘉墀、陈芳允主编《高技术辞典》，科学出版社、清华大学出版社，2000 年版

杨嘉墀手稿《倡议高技术发展计划的回忆》

飞天逐梦

1986 年 8 月，杨嘉墀（右）和闵桂荣（左）在中国空间技术研究院计划讨论会上发言

1986 年 4 月，中国空间技术研究院召开太空站第一次研讨会，杨嘉墀出席会议。上图为杨嘉墀（左）与庄逢甘，下图为杨嘉墀（左）与潘厚任（中）、陈宜元（右）

1997 年，时任航天军转民科技委主任的杨嘉墀视察航天育种实验基地

航天技术是一门综合性高技术，是知识经济社会支柱，是一个国家综合国力的象征，国际威望之后盾。在我国全面实施科教兴国战略、可持续发展战略和科技强军战略中，航天技术都起着极其重要的作用。

——杨嘉墀

2003 年 10 月 22 日，杨嘉墀与我国首批航天员在“神舟五号”飞船返回舱前合影

1997 年，杨嘉墀、王大珩、陈芳允以“863”计划的名义发表了《我国月球探测技术发展的建议》，指出按照我国目前技术水平和经济实力，可以研究月球探测的问题。2000 年 11 月，我国首次发布《中国的航天》白皮书，提出开展以月球探测为主的深空探测预先研究，这是中国航天首次向世界宣告进军深空探测领域。2007 年 10 月 24 日，“嫦娥一号”卫星发射成功，“嫦娥”第一次距离月亮如此之近

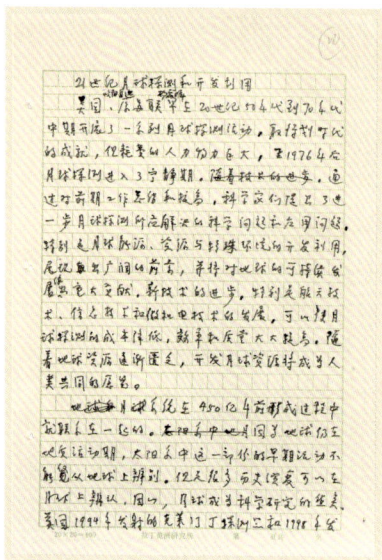

杨嘉墀《21 世纪月球探测和开发利用》的手稿

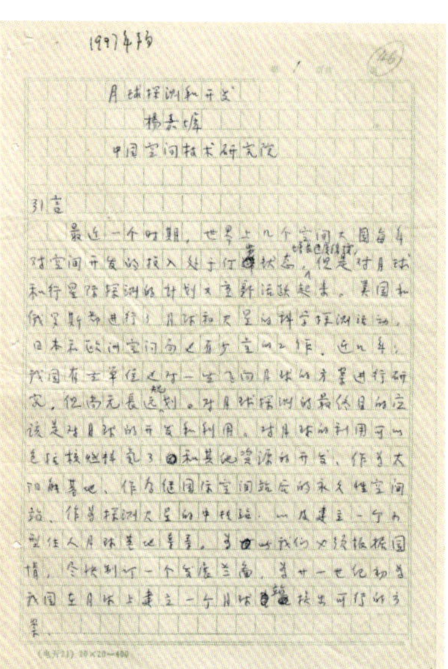

杨嘉墀《月球探测和开发》的手稿

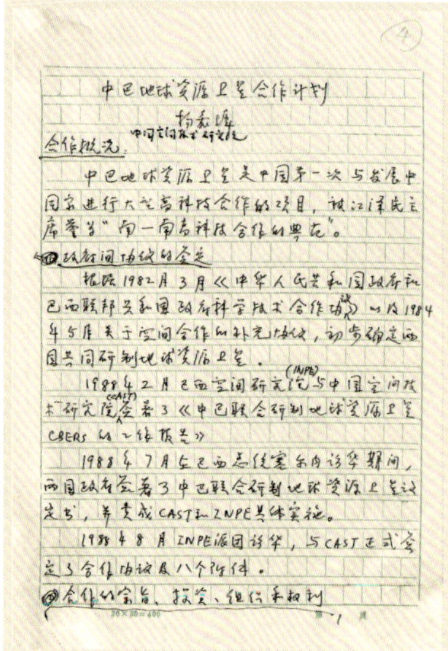

杨嘉墀《中巴地球资源卫星合作计划》的手稿

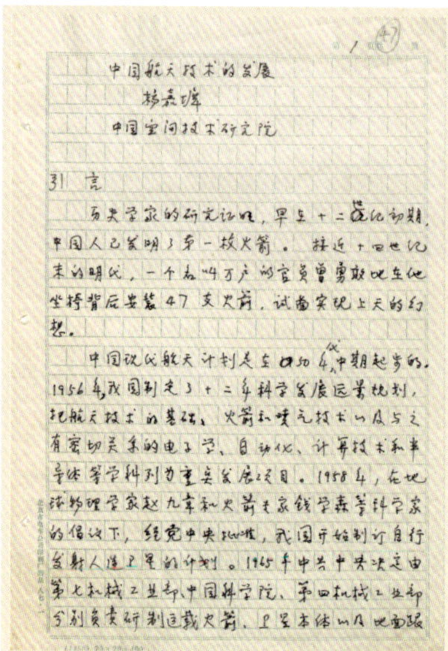

杨嘉墀《中国航天技术的发展》的手稿

牵头北斗

在2003年中国北斗导航系统应用论坛上的讲话

在杨嘉墀院士的牵头和指导下，“2003 年中国北斗导航系统应用论坛”在北京召开。上图为杨嘉墀在论坛上的讲话稿。2004 年，该论坛在海口召开，下图合影前排右九为杨嘉墀

北斗卫星导航系统是我国在世界上第一个建成并投入运行的区域性导航、通信系统，建议把卫星、运载、中心站以及用户机一同作为产品进入国际市场，预计这一套系统的产值可达到数亿美元。

——杨嘉墀

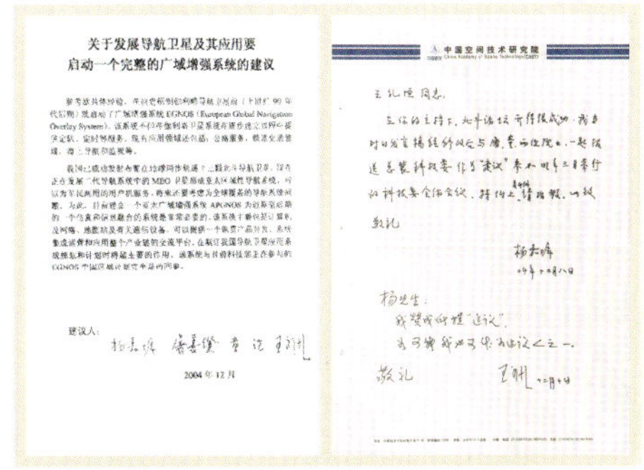

关于发展导航卫星及其应用要启动一个完整的广域增强系统的建议

建议人：

2004 年 12 月

杨嘉墀根据论坛上反映的情况，先后与屠善澄、童铠、王礼恒、戚发轫、张履谦五位院士交换意见，经集体讨论后，起草了向国务院提交的《关于发展导航卫星及其应用要启动一个完整的广域增强系统的建议》。该建议于 2005 年 2 月 3 日发出后，2 月 4 日就得到了时任总理温家宝同志的批示。北斗导航系统建设正式列入国家基础设施规划

时至今日，北斗系统已经跻身世界四大导航系统，在全球一半以上国家和地区推广使用，正在为全世界贡献全球卫星导航的“中国方案”

嘉木成荫 墀耀万春

杨嘉墀院士是功勋卓越的国之栋梁，同时也是亲友眼中平凡的家人、师长。他心系故土，无论身在何方，始终饱含对故乡和母校的深情；他重视人才的培养和成长，指导培育的一大批人才都成了科技一线的主力军；他一生勤勉、敬业、爱国，即使在晚年，无论风雨，都准时出现在办公室里阅读、思考、工作，他不倦的钻研心和感人的亲和力激励着一批又一批科技人才。以他命名的“杨嘉墀星”会永载史册、光耀后人！

1986 年，上海交通大学 1941 届电机工程系同学聚会合影（后排左三为杨嘉墀）

1996 年，杨嘉墀回到母校上海交通大学参加百年校庆纪念活动。下图为杨嘉墀为百年校庆写的题词

1997 年，杨嘉墀院士（左）接受家乡吴江组织的《吴江院士风采录》系列专题片采访

1999 年，杨嘉墀偕夫人徐斐重返震泽中学的留影

2001 年 4 月，杨嘉墀（前排右二）重返上海中学的留影

以科技教育为基础
全面提高学生素质

震泽中学 80周年校庆纪念

1931-1932年震泽初级中学学生杨嘉墀
2003年5月

2003 年 5 月，杨嘉墀为母校震泽中学题字

REUNION RECORD 1941 class

1941届

上海交通大學 校友通讯

Shanghai Jiao Tong University

第5期

一九四一届校友联络组 编

一九九一年十一月三十日

CHRISTMAS GREETINGS

恭贺新禧

Season's Greetings

С Новым Годом

Meilleurs Vœux

Felices Fiestas

一九四一届校友联络组敬贺

本期要目

- 大学时代参加体育活动的回忆
- 常州抗洪救灾见闻
- 杨天一学长近况
- 记陈启元学长赠书《探释》之探释
- 短讯一束
- 杨臣勋学长的建议
- 应用力学与甲骨文
- 巾帼精英高怀蓉学长
- 教书育人
- 旅美见闻，旅美随感。
- 为我国铸造事业操劳大半辈子的缪良学长
- 从事高教事业40余年成绩卓著的蔡秉久学长
- 林汝锋、富侠、陆绪常、余澄如、余其渊等学长情况
- '久病成医'，两位战胜病魔的学长——庄苏生和吴廷明
- 母校讯息数则
- 悼念 金骧 学长
- 简讯一组
- 财务报告
- 《第四期通讯》、《校友通讯录》勘误表，寻访启事
- 书法欣赏

杨嘉墀珍藏的《上海交通大学 1941 届校友通讯》

2019 年，为纪念杨嘉墀院士，上海交通大学电子信息与电气工程学院设立“杨嘉墀奖学金”。图为第一届杨嘉墀奖学金颁奖现场

1994 年 9 月，杨嘉墀为航天科技集团五院五〇二所研究生作卫星应用发展报告

4 综合 LOCAL 中国科学报

院士口述故事系列之二

“光看眼皮底下的，不是好科学家”

揭示 H7N9 禽流感中和抗体保护机制

吴宏鑫院士（左三）回忆杨嘉墀（右四）的文章《光看眼皮底下的，不是好科学家》

杨嘉墀身着导师服在中国空间技术研究院研究生部留影

2018 年 9 月，杨嘉墀的母校震泽中学设立“杨嘉墀创新实验项目”；2023 年 9 月，以他名字命名的“杨嘉墀实验学校”正式启用。上图为杨嘉墀实验学校校门，下图为杨嘉墀高中创新实验班学生回到震泽中学育英校开展寻根之旅

叶培建院士回忆杨嘉墀的文章《深切怀念良师杨嘉墀先生》

我们敬爱的老师杨嘉墀先生

王旭东 倪茂林 余四祥

当我们默默地肃立在杨老师面带微笑的大幅彩照前，吊唁这位著名的卫星专家，“863”高科技计划的倡导者之一，两弹一星功勋奖获得者时，止不住的泪水滴滴洒落在朵朵洁白的百合花上。在万朵鲜花簇拥中，杨老师微笑着，笑得那么慈祥，那么爽朗，那么感人。杨老师的丰功伟绩、高尚品格，是一座崇高的丰碑，永远鼓舞着我们。

1958年，我们第一次见到杨老师是在中国科技大学，那是新中国为培养“两弹一星”人才，由中国科学院创办的大学。那时，杨老师给我们这群不懂事的孩子讲基础课和专业课。

“它山之石，可以攻玉”。1956年，带着拳拳报国心，杨老师从美国回来了。作为哈佛的博士，他以哈佛的校训“为了增长智慧走进来，为了更好地为祖国和同胞服务走出去”和“追求真理，追求好中最好”的哈佛理念，当作自己行动的准则。从科研第一线中抽暇，到中国科技大任教，栽桃育李、勤奋耕耘，从一年级基础课开始，一直讲到研究生专业课。

为了讲好潜艇用核反应堆的控制理论和控制系统，杨老师收集了几乎所有国外公开发表的最新论文和有关的图书，并吸取其中的精华，再传授给我们。

杨老师上课时用的是外文原版书，因此，他要边翻译，边推导公式，边在黑板上书写。一堂课下来，常常要用八、九面黑板。写写擦擦，讲台上和身上都是粉笔末，汗水浸透了他的白衬衣。

王旭东（右二）、倪茂林（右一）、余四祥（左一）回忆杨嘉墀的文章《我们敬爱的老师杨嘉墀先生》

1958 年夏，杨嘉墀一家四口在中关村合影

1961 年，杨嘉墀一家在北大燕东园合影

1999 年，杨嘉墀（左二）、徐斐（左一）在吴江老宅与堂兄杨嘉箴等相会

2000 年，杨嘉墀（右二）、徐斐（右一）与程开甲（左一）在吴江同乡会上

2001 年，杨嘉墀与夫人徐斐金婚纪念日合影

2001 年春节，杨嘉墀一家在家中合影

杨嘉墀写给女儿杨西的家书

爱国无疆

1998 年，杨嘉墀（中）与王希季（右一）、谢光选（左一）在酒泉卫星发射中心合影

2002 年，杨嘉墀在太原卫星发射中心留影

2003 年，杨嘉墀在西昌卫星发射中心留影

1999 年，新中国成立 50 周年时，杨嘉墀（右）与王希季在天安门前合影

2019 年 10 月 1 日，庆祝中华人民共和国成立 70 周年大会在北京举行。图为群众游行时，杨西女士在游行彩车上高举父亲杨嘉墀院士像经过天安门前

光明日报
GUANGMING DAILY

马克思主义理论研究和建设工程
召开全面落实科学发展观第五次研讨会

功勋科学家，我们怀念您
——追记“两弹一星”功臣、中科院院士杨嘉墀

《功勋科学家，我们怀念您——追记“两弹一星”功臣、中科院院士杨嘉墀》，《光明日报》2006 年 6 月 24 日

A2
专题
科学时报

当我们仰望星空
——悼念杨嘉墀先生

杨嘉墀院士生平

《当我们仰望星空——悼念杨嘉墀先生》，边东子：《科学时报》2006 年 6 月 19 日

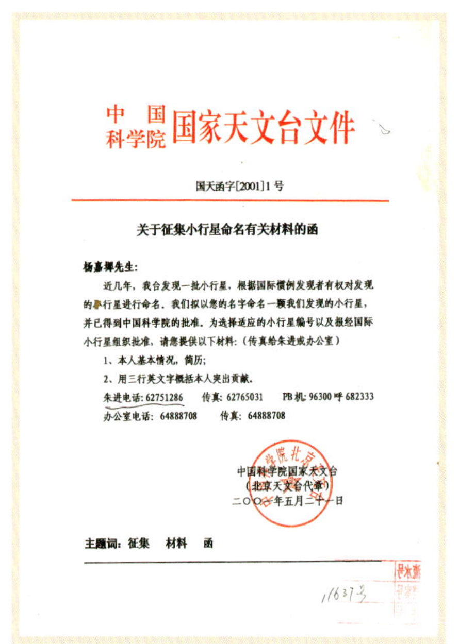

中国科学院 国家天文台文件

国天函字[2001]1号

关于征集小行星命名有关材料的函

杨嘉墀先生：

近几年，我台发现一批小行星，根据国际惯例发现者有权对发现的小行星进行命名。我们拟以您的名字命名一颗我们发现的小行星，并已得到中国科学院的批准。为选择适应的小行星编号以及报经国际小行星组织批准，请您提供以下材料：（传真给朱进或办公室）

1、本人基本情况，简历；

2、用三行英文字概括本人突出贡献。

朱进电话：62751286　传真：62765031　PB机：96300呼682333

办公室电话：64888708　传真：64888708

中国科学院国家天文台
（北京天文台代章）
二〇〇一年五月二十一日

主题词：征集　材料　函

11637号

2001年5月21日，中国科学院国家天文台致杨嘉墀专函《关于征集小行星命名有关材料的函》（国天函字〔2001〕1号）

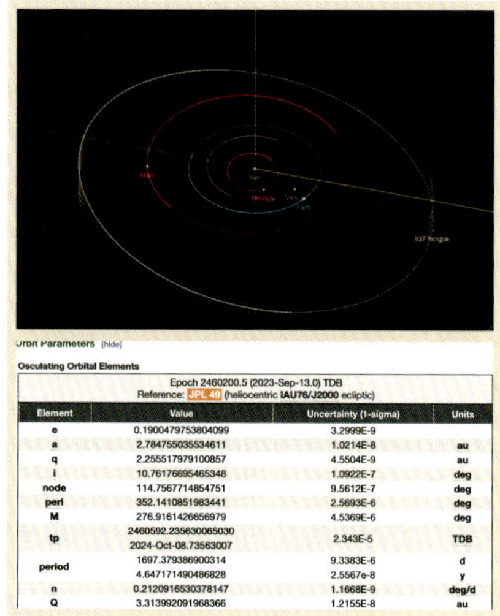

Orbit Parameters [hide]

Osculating Orbital Elements

Epoch 2460200.5 (2023-Sep-13.0) TDB
Reference: JPL 49 (heliocentric IAU76/J2000 ecliptic)

Element	Value	Uncertainty (1-sigma)	Units
e	0.1900479753804099	3.2999E-9	
a	2.784755035534611	1.0214E-8	au
q	2.255517979100857	4.5504E-9	au
i	10.76176695465348	1.0922E-7	deg
node	114.7567714854751	9.5612E-7	deg
peri	352.1410851983441	2.5693E-6	deg
M	276.9161426656979	4.5369E-6	deg
tp	2460592.235630065030 2024-Oct-08.73563007	2.343E-5	TDB
period	1697.379386900314 4.647171490486828	9.3383E-6 2.5567e-8	d y
n	0.2120916530378147	1.1668E-9	deg/d
Q	3.313992091968366	1.2155E-8	au

2003年，国际小行星中心将编号为“11637”号的小行星命名为“杨嘉墀星”。上图为“杨嘉墀星”的空间位置示意图，下图为有关参数

2020年度中国自动化学会颁奖暨2021杨嘉墀科技奖启动仪式现场

我这五十年

大力协同发展航天事业的体会

杨嘉墀

回顾历史是为了不要忘记过去，展望未来。我作为一名参与者，对于当年参加"两弹一星"研制工作的科技人员和工人们自强自立、团结协作，为发展我国高科技事业而拼搏的精神，使我至今难于忘怀。回忆旧中国时代，我国人民外受帝国主义的侵略，内受封建官僚主义的压迫，即使有些开明知识分子想为祖国发展科技，创办工业也是困难重重，英雄无用武之地，这是由当时社会制度决定的。五十年前新中国成立后，特别是改革开放二十多年后，我国的科学技术事业有了很大的发展，在经济建设和国防建设中发挥了重大作用，这在旧中国是无法想象的。

我1956年回国时，遇上了我国实施"十二年科学技术发展远景规划"的良好机会。我参与了四大紧急措施之一的组建中国科学院自动化研究所的筹备工作，为祖国自动化学科建设做了一些开创性工作。当1957年10月苏联第一颗人造地球卫星上天之后，1958年5月毛主席发出了"我们也要搞人造卫星"的号召，我们在"自力更生为主、争取外援为辅"，"要大力协同做好这件工作"等方针的指引下，开展了探空火箭和运载火箭的研制工作和人造卫星的预研工作，至1965年我国制订了"人造卫星发展规划"开展人造卫星的研制条件基本成熟。即使在"文化大革命"的干扰下，经中央统一领导，1968年组建了中国空间技术研究院，我国于1970年4月发射了第一颗人造地球卫星。经过二十多年的努力，到现在已有四十多颗卫星发射上天，其中通信卫星和遥感卫星等取得了一定的经济效益和社会效益，为我国现代化建设作出了贡献。我有幸参与了这些工作，使我深刻地体会到现代高技术的发展都是依赖于多学科的综合，卫星的研制涉及的学科门类有力学、电子学、计算机、自动控制、化学、光学仪器、通信、材料科学、真空技术、制造工艺等。航天工程又是现代典型的复杂大系统，其工程规模庞大，技术密集、耗资巨大，必须由国家统一组织，利用系统工程方法，组织实施。我国能够在投入较少、基础较弱，科研力量不足的情况下，取得目前世界航天大国之一的地位，主要还是依靠全国人民的支持和中国共产党的领导和精心组织。八十年代中期，我受中国宇航学会的委托，担任了五年的国际宇航联合会副主席职务，深深感受到我国航天技术在世界上占有一席之地的光荣。

21世纪将是人类开发太空的新时代，空间通信和导航的发展将使地球变得更小，空间遥感和环境监测将使人类更深入了解地球，天文观测将进一步揭示了解天体形成的过程，空间材料加工以及生物制品将提供更多地面不能生产的空间产品，月球和行星基地的建设将扩展人类的生存空间。随着我国综合国力的增强，根据"有所为，有所不为"的原则，我期望我国航天技术将不断占领科技高地，到21世纪中叶，能够与世界空间大国在航天科技领域并驾齐驱，为人类作出更大的贡献。

杨嘉墀手稿《我这五十年——大力协同发展航天事业的体会》

杨嘉墀大事年表

出吴江，学哈佛，归国效力，八十七，做人做事皆楷模；

精仪表，掌自动，再领信息，八六三，两弹一星建奇勋。

1919 年	出生于江苏省吴江县震泽镇
1930 年	被保送到震属初级中学(现名震泽中学)
1932 年	考入江苏省立上海中学
1937 年	考入国立交通大学电机工程系
1941 年	任西南联合大学电机系助教
1945 年	成功研制中国第一套单路载波电话样机
1947 年	赴美国哈佛大学工程科学与应用物理系读研究生
1949 年	以《傅里叶变换器及其应用》的论文通过答辩，获哈佛大学哲学博士学位
1956 年	携全家返回祖国，加入中国科学院自动化及远距离操纵研究所

1961 年	1961 年领导实施导弹热应力试验设备“151 工程”，至 1965 年完成加热、加载、测量系统研制任务
1963 年	承担原子弹爆炸试验测试任务，领导开展了火球温度测量仪冲击波压力测量仪、火球光电光谱仪、地震波振动测量仪的研制工作，1964 年应用于我国第一次核试验
1965 年	任卫星总体设计组副组长，参与我国第一颗人造卫星的总体方案论证
1966 年	组织和参与我国第一颗返回式卫星姿态控制系统的研制工作
1970 年	领导对返回式卫星姿态控制系统初样产品进行大型模拟试验
1975 年	根据遥测数据判断返回式卫星能够按计划运行三天，卫星最终按期着陆，基本完成“把卫星收回来”的任务
1979 年	加入中国共产党

1980 年	当选中国科学院学部委员（院士）
1981 年	被任命为“实践”卫星系列总设计师
1986 年	与王淦昌、陈芳允、王大珩院士联名向党中央提出《关于跟踪研究外国战略性高技术发展的建议》，获得邓小平同志的支持，由此催生了“863”计划
1999 年	获中共中央、国务院、中央军委授予的“两弹一星”功勋奖章
2005 年	与屠善澄、童铠等院士向时任总理温家宝呈送《关于发展导航卫星及其应用要启动一个完整的广域增强系统的建议》
2006 年	在北京逝世，享年 87 岁

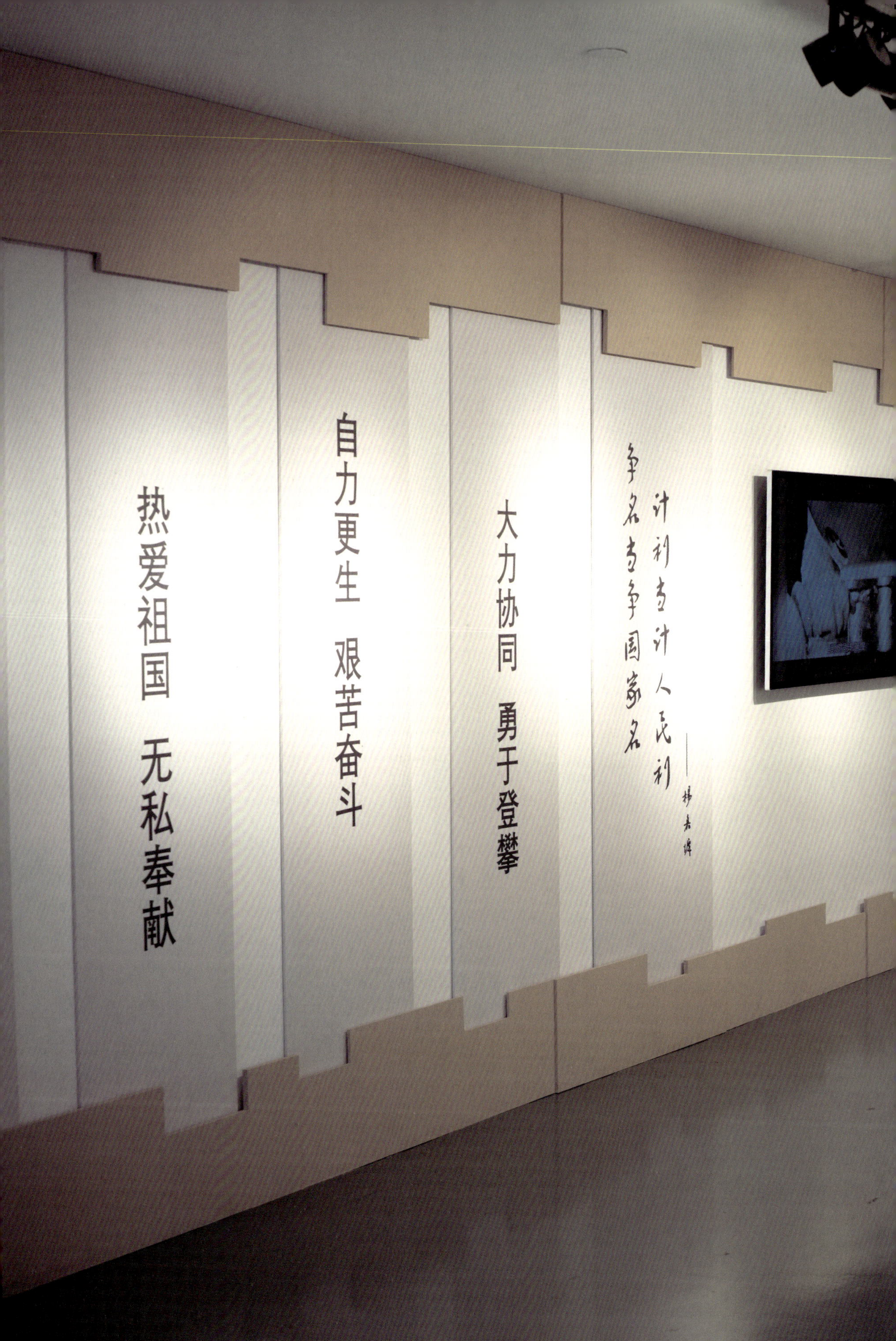

热爱祖国 无私奉献
自力更生 艰苦奋斗
大力协同 勇于登攀
计利当计人民利
争名当争国家名
——杨嘉墀

1919 · 2006
结语

荣誉

中华人民共和国
第三届全国人民代表大会
代表当选証书

姓名 杨嘉墀
年龄 四十五岁
性别 男
代表单位 山东省

全国人民代表大会常务委员会
一九六四年十一月 日

第三届全国人民代表大会代表当选证书
1964 年
（杨西女士提供）

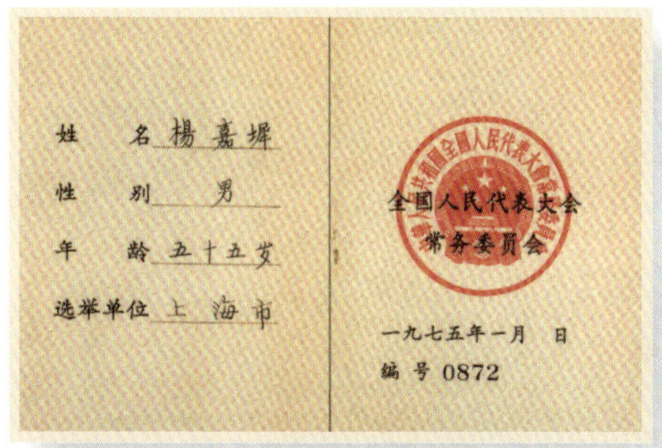
姓名 楊嘉墀
性别 男
年龄 五十五岁
选举单位 上海市

全国人民代表大会常务委员会
一九七五年一月 日
编号 0872

第四届全国人民代表大会代表当选证书
1975 年
（杨西女士提供）

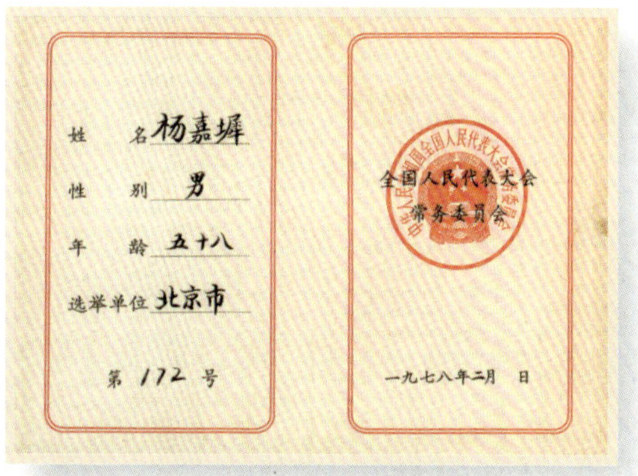
姓名 杨嘉墀
性别 男
年龄 五十八
选举单位 北京市
第 172 号

全国人民代表大会常务委员会
一九七八年二月 日

第五届全国人民代表大会代表当选证书
1978 年
（杨西女士提供）

中国科学院学部委员会（院士）奖牌
1980 年
（杨西女士提供）

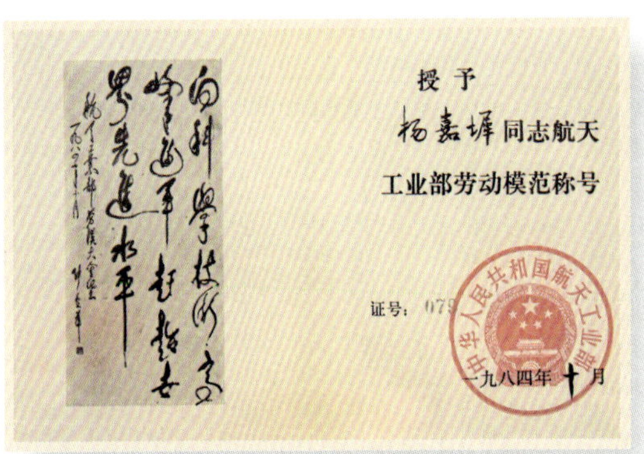

航天工业部劳动模范证书
1984 年

为表彰在促进科学技术进步工作中做出重大贡献，特颁发此证书，以资鼓励。

奖励日期：一九八五年

证书号：85-KG7-T-002-4

获奖项目：[illegible]通用型卫星及东方红一号卫星

获奖者：杨家墀

奖励等级：特等

国家科学技术进步奖
评审委员会

国家科学技术进步奖特等奖证书
1985 年
（杨西女士提供）

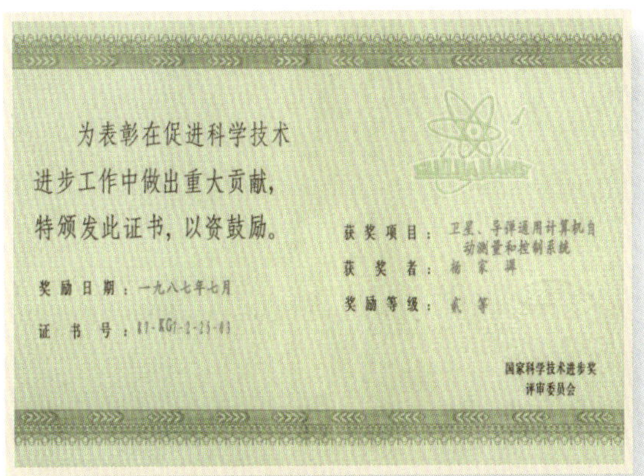

为表彰在促进科学技术进步工作中做出重大贡献，特颁发此证书，以资鼓励。

奖励日期：一九八七年七月

证书号：87-KG7-2-25-03

获奖项目：卫星、导弹通用计算机自动测量和控制系统

获奖者：杨家墀

奖励等级：贰等

国家科学技术进步奖
评审委员会

国家科学技术进步奖二等奖证书
1987 年
（杨西女士提供）

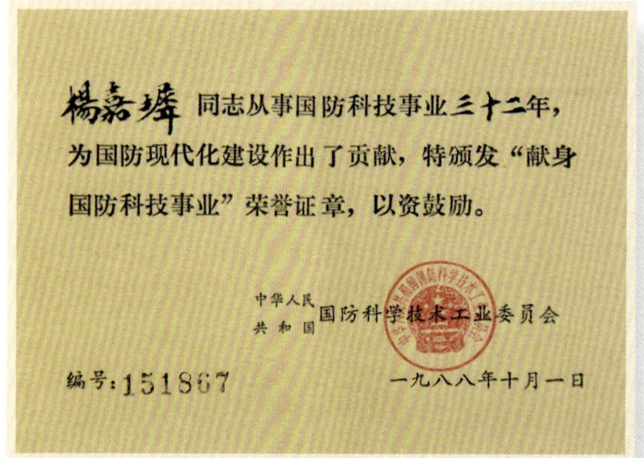

楊嘉墀 同志从事国防科技事业三十二年，为国防现代化建设作出了贡献，特颁发“献身国防科技事业”荣誉证章，以资鼓励。

中华人民共和国国防科学技术工业委员会

编号：151867　一九八八年十月一日

献身国防科技事业荣誉证书
1988 年

陈嘉庚奖 Tan Kah Kee Prize 1988

杨嘉墀
荣获1995年度
陈嘉庚信息科学奖

Awarded to
Yang Jiachi
the 1995 Tan Kah Kee Prize in
Information Science

陈嘉庚基金会
TAN KAH KEE FOUNDATION

会长 周光召
President

陈嘉庚信息科学奖奖牌
1995 年
（杨西女士提供）

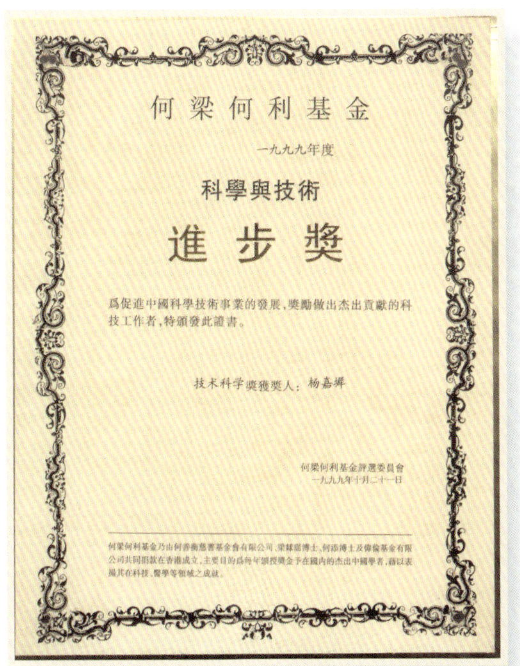
何梁何利基金

一九九九年度

科學與技術

進 步 獎

爲促進中國科學技術事業的發展，獎勵做出杰出貢獻的科技工作者，特頒發此證書。

技术科学獎獲獎人：杨嘉墀

何梁何利基金評選委員會
一九九九年十月二十一日

何梁何利基金乃由何善衡慈善基金會有限公司、梁銶琚博士、何添博士及偉倫基金有限公司共同捐款在香港成立，主要目的爲每年頒授獎金予在國內的杰出中國學者，藉以表揚其在科技、醫學等領域之成就。

何梁何利基金科学与技术进步奖奖牌
1999 年
（杨西女士提供）

电气与电子工程师协会（IEEE）颁发杰出成就及贡献奖牌
2000 年
（杨西女士提供）

国家八六三计划十五周年特殊贡献奖牌
2001 年
（杨西女士提供）

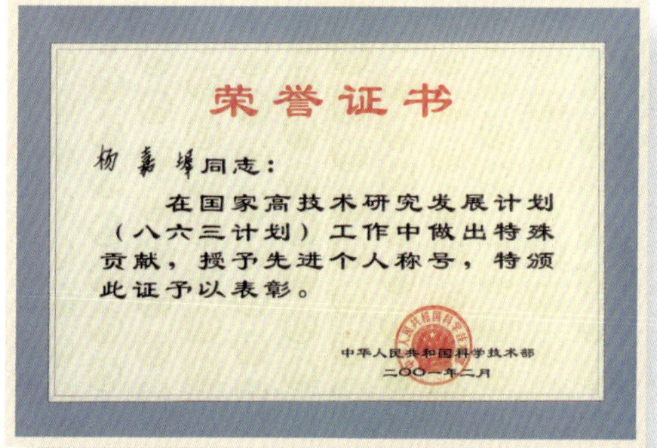
荣誉证书

杨嘉墀同志：

在国家高技术研究发展计划（八六三计划）工作中做出特殊贡献，授予先进个人称号，特颁此证予以表彰。

中华人民共和国科学技术部
二〇〇一年二月

八六三计划先进个人称号荣誉证书
2001 年
（杨西女士提供）

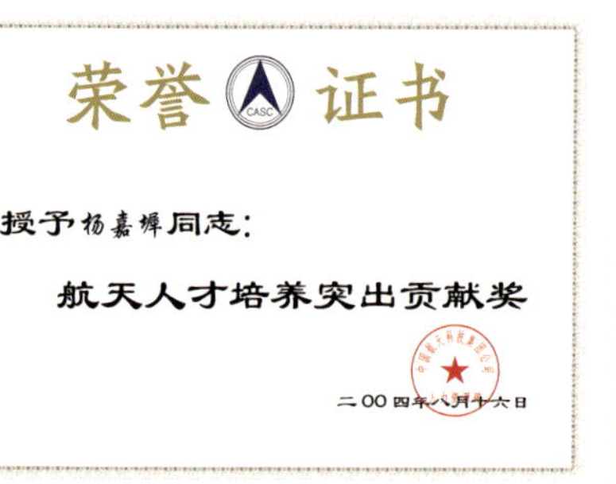
荣誉证书

授予杨嘉墀同志：

航天人才培养突出贡献奖

二〇〇四年八月十六日

航天人才培养突出贡献奖证书
2004 年

结语

习近平总书记指出："'两弹一星'精神激励和鼓舞了几代人，是中华民族的宝贵精神财富"，"一定要一代一代地传下去，使之转化为不可限量的物质创造力"。杨嘉墀等老一代科学家用智慧和勇气、心血和青春奠定了中国"两弹一星"的根基。历史留给我们的不仅仅是杨嘉墀在中国科学技术上的成就，更是他在研制"两弹一星"过程中展现出来的创新方法、科学精神和爱国情怀，一生为国，熠熠生辉，我们应该永远记取之，更应学习之，弘扬之。

$$i_K = i_{K0}\frac{\int_{\lambda_1}^{\lambda_2}E(\lambda,T)\phi(\lambda)\mathrm{d}\lambda}{\int_{\lambda_1}^{\lambda_2}E(\lambda,T_0)\phi(\lambda)\mathrm{d}\lambda}$$

悼念杨嘉墀院士

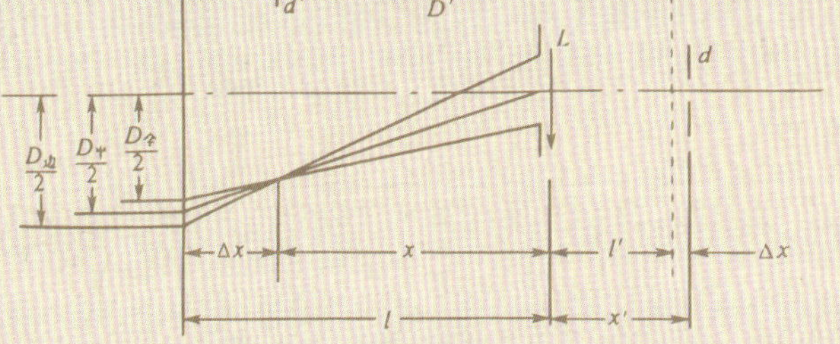

以下文章均由杨西女士提供

$$\frac{E(\lambda_e,T)}{E(\lambda_e,T_0)} = \frac{\int_{\lambda_1}^{\lambda_2}E(\lambda,T)\phi(\lambda)\mathrm{d}\lambda}{\int_{\lambda_1}^{\lambda_2}E(\lambda,T_0)\phi(\lambda)\mathrm{d}\lambda} = \frac{i_K}{i_{K0}}$$

$$\frac{\mathrm{d}T}{T} = \left[\frac{T}{T_0}\cdot\frac{\mathrm{e}^{C_2/\lambda T}-1}{\mathrm{e}^{C_2/\lambda T}}-1\right]\frac{\mathrm{d}\lambda_e}{\lambda_e}$$

$$\frac{\mathrm{d}F}{F} = \frac{C_2}{\lambda T}\cdot\frac{\mathrm{e}^{C_2/\lambda T}}{\mathrm{e}^{C_2/\lambda T}-1}\cdot\frac{\mathrm{d}T}{T} = \xi\frac{\mathrm{d}T}{T}$$

$$F_0 = k\left(\frac{d'}{X}\right)^2 = k\left(\frac{d_{半}}{l}\right)^2$$

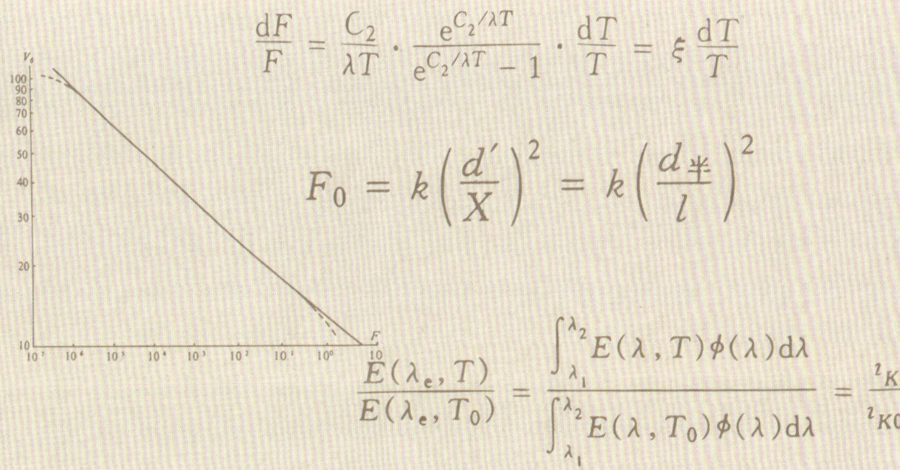

$$\frac{E(\lambda_e,T)}{E(\lambda_e,T_0)} = \frac{\int_{\lambda_1}^{\lambda_2}E(\lambda,T)\phi(\lambda)\mathrm{d}\lambda}{\int_{\lambda_1}^{\lambda_2}E(\lambda,T_0)\phi(\lambda)\mathrm{d}\lambda} = \frac{i_K}{i_{K0}}$$

深切怀念良师杨嘉墀先生

——叶培建

昨日中午两时，惊悉杨嘉墀先生在与病魔斗争一年多之后已驾鹤仙去，十分悲痛，夜不能寐，成挽联一副：“出吴江，学哈佛，归国效力，八十七，做人做事皆楷模；精仪表，掌自动，再领信息，八六三，两弹一星建奇勋。”

我与杨先生都是江苏人，他的家乡江苏吴江震泽镇和我上中学的浙江湖州市仅一河之隔，可算是同出一地，为此，我们平时也有不少工作之外的交谈与沟通，但最让我难忘的还是他的为人为事。这些年，已有不少著作、文章介绍了杨先生的生平与事迹，我在这儿仅谈几件个人之间的小事以表达对他的怀念和理解他的人品。

我于1978年考取502研究生，后又考取了出国读研资格，去美国还是去哪儿是一个未决的问题，杨先生根据当时的国际动态和我们的实际情况，认为我们和美国在诸多方面尚有较大差距，且美国在敏感行业上又有很多限制，就建议我去欧洲学习。我听从了这一建议，从后来的实践来看还是大有收益的。我去了瑞士后共学习了五年，在这五年中，从工作的角度，航天系统仅有杨先生于1984年来看过我一次。那时，他去日内瓦参加一个会议，利用会议空闲，乘火车到纳沙泰尔我所在的研究所来，那时他已是六十多岁的人，以航天部总工程师的身份独自一人来看我，仔细地问了我的工作，还到实验室看了现场演示，给予了鼓励，那天，他也未在纳沙泰尔参观，又匆匆乘车返回了日内瓦。这一次的来访令我十分感动，所里其他国家的留学生也十分羡慕。

我于1988年底来院，协助张国富副院长主管信息化、计算机工程工作，杨先生原来是计算机总师。这时他虽不在位，但对我院的信息化工作十分关心。每当他得到一点有用的信息，或拿到一篇好的文章，他都从院白石桥大楼二楼东头办公室走到我在的西头办公室，给我谈他的意见和交给我有关资料，充分体现了他的责任心和对这一领域发展的敏感。在我担任型号总师以后，他仍然如同过去一样，经常依据航天的发展给我一些提醒和建议，他生前最后一次给我的建议是在2005年春节前的一次有关月球探测的会议上，他发言并告知我一定要“重视电推进技术，这是深空探测很有前途的一个途径”。今后再也听不到他的中肯意见了，无论从院，从我个人都是一大损失。唯有多加努力，做好自己承担的工作，以新的成果告慰杨先生在天之灵！

文章刊载于《光明日报》
2006年6月27日版

叶培建，中国科学院院士，获“人民科学家”国家荣誉称号。他与杨嘉墀在中国空间技术研究院共事时相识，尊称杨嘉墀为恩师。

我们敬爱的老师杨嘉墀先生

——王旭东 倪茂林 余四祥

当我们默默地肃立在杨老师面带微笑的大幅彩照前，吊唁这位著名的卫星专家，“863”高科技计划的倡导者之一，“两弹一星”功勋奖获得者时，止不住的泪水滴滴洒落在朵朵洁白的百合花上。在万朵鲜花簇拥中，杨老师微笑着，笑得那么慈祥，那么爽朗，那么感人。杨老师的丰功伟绩、高尚品格，是一座崇高的丰碑，永远鼓舞着我们。1958 年，我们第一次见到杨老师是在中国科技大学，那是新中国为培养“两弹一星”人才，由中国科学院创办的大学。那时，杨老师给我们这群不懂事的孩子讲基础课和专业课。

“他山之石，可以攻玉。”1956 年，带着拳拳报国心，杨老师从美国回来了。作为哈佛的博士，他把哈佛的校训“为了增长智慧走进来，为了更好地为祖国和同胞服务走出去”和“追求真理，追求好中最好”的哈佛理念，当作自己行动的准则。从科研第一线中抽暇，到中国科技大学任教，栽桃育李、勤奋耕耘，从一年级基础课开始，一直讲到研究生专业课。为了讲好潜艇用核反应堆的控制理论和控制系统，杨老师收集了几乎所有国外公开发表的最新论文和有关的图书，并吸取其中的精华，再传授给我们。杨老师上课时用的是外文原版书，因此，他要边翻译，边推导公式，边在黑板上书写。一堂课下来，常常要用八九面黑板。写写擦擦，讲台上和身上都是粉笔末，汗水浸透了他的白衬衣。记得有一次，杨老师发现外文资料上一个公式错了，但一时又找不出原因。他竟一连三天通宵达旦地找寻原因，终于找出了问题。杨老师具有在哈佛文理学院打下的数学和物理的扎实基础，又有哈佛工科的工程设计与研制能力。他在我们科大讲课，举轻若重，兢兢业业，一丝不苟。这些都深深地感动了我们，促使我们立志一定要发奋学习。1981 年 1 月，“实践二号”卫星已临近发射，杨老师作为五院副院长被委任为总设计师。当年 9 月，“实践二号”卫星发射成功，这是我国第一次以

"一箭三星"的方式发射卫星。我们立了功，得了奖，而杨老师却独自承担了卫星出现异常的责任。杨老师曾经对我们说："实践系列卫星很重要。一个球队，不能没有二传手，实践卫星就是二传手，我们要当好二传手。"杨老师甘当人梯，敢于承担责任。他是中国著名航天科技专家、杰出的领军人，也是中国航天科技优秀的二传手。1989 年，杨老师鼓励我们给国际著名期刊 IFAC 的 *Automatica* 投稿，可是在预审时，他对其中关键的结论提出了疑问。于是，杨老师在百忙中抽出时间，把公式从头到尾推导了一遍，证明结论没有问题，才同意送出去发表。在这篇论文的英文稿上，杨老师密密麻麻地改动了一大半，等于重新写了一篇论文，但是当我们要把他列为作者之一时，杨老师却婉言谢绝了。

法国方面为了中法合作资源卫星，来我们单位进行考察时，随手拔了一块正在做试验的卫星控制系统的线路板，看了看说："这与我们法国还差一二十年。"我们听了很生气。杨老师却冷静地说："说一二十年，把我们高估了，我们至少落后二三十年。"杨老师总是能不带偏见、实事求是，客观地看问题。2000 年，我们欲向第 51 届国际宇航大会（IAC）投一篇论文《中国巴西地球资源卫星轨道控制技术与飞行结果》，投送之前，去请杨老师把关。杨老师看到结论部分有一句话"达到了国际先进水平"，立刻提笔打了个大问号。他还把我们叫了去说："要实事求是，不要过头。"并要我们给他看正样方案报告，飞行测控定轨数据和同类法国卫星的飞行结果报告。后来杨老师打来电话说："好，结论属实，可以发表。"我们这才松了口气。这篇论文后被杨老师吸收到他 2002 年出版的著作《航天器轨道动力学与控制》一书中。我们出于对杨老师的敬爱，有一条不成文的约定：在任何场合，在任何事情上，不许提及我们是杨老师的研究生，更不许利用杨老师的声望抬高自己的身价。只要我们有条件，有机会出国留学，杨老师总乐于给我们写推荐信。每当出国前，杨老师总要把我们叫到家中，一再嘱咐我们："国家派你们出国留学，不是为了去给美国老板打工，多挣点钱，镀点金回来。应当首选国内航天急需的、实用的课题。我要求你们学得不仅要深，还要广。"杨老师的话语重心长，字字句句刻在我们的脑子里。杨老师是严师，但又有一颗慈爱之心。他的腰腿不好，但他会不辞辛苦地登上很高的楼层到我们的家，看望刚出生的孩子。对我们，杨老师不仅言传，更重身教。有一件小事，给我们每个人都留了深刻印象。他在家洗碗的同时，顺手还把用过的塑料袋一一洗净，晾干后留待下次再用。因为他觉得，扔了不但可惜，还污染环境。杨老师在生活上也非常关心我们。有一段时间，我们忙于查资料，调程序，常常误了吃饭时间。过了几个月，杨老师发觉我们十分疲惫，人也消瘦了，就问我们："是不是没有钱了？把我的钱先拿去花，饭要吃好！"躺在北京医院的病床上，杨老师还坚持学习保持共产党员先进性教育材料，认真做笔记。见我们来探望他，还关切地问我们，培训尼日利亚航天学员的教材写好了没有，并叮嘱我们，这是中国头一回培训外国航天学员，要认真备课，英语要流利，发音要准确。他还关切地问我们的"863"课题申请下来了没有。无论是在实验室，在发射场，在办公室，还是在生活中，杨老师总能在生活细微处，时时关心别人。杨老师很爱与我们拉家常，问孩子在哪上学，读什么专业，分了房子没有，去哪旅游，等等。

杨老师一生清廉，他在中关村一住就是45年，不肯搬家。我们曾经对他说："您应当搬家了，您这破房子分给我们都不要。"他说："习惯了，对这里的林荫小道和花园有了感情。"当知道我们分到了100多平方米，外加屋顶花园的公寓房时，杨老师高兴地说："好呀！那我一定要去看看，等我这房子拆迁，我就住你家去。"2005年春节，就在今天这间布满鲜花的杨老师家的客厅里，我们曾和杨老师一起包饺子、吃饺子，说说笑笑，谈天论地，好像有讲不完的话、说不完的事，这一切仍历历在目，恍如昨日。我们默默地肃立在杨老师的遗照前，看到杨老师在微笑，那是来自他的追求和理想，是对建设富强、民主、文明的社会主义祖国充满信心和喜悦。那是他为中国航天事业后继有人，感到欣慰和期盼，那是因为他对祖国的航天事业充满了希望和信心。杨老师把毕生精力和全部智慧奉献给了"两弹一星"事业、"863"高科技计划、载人航天工程和探月计划。他是我们做人的榜样、做事的楷模。杨老师，我们一定牢记您的教诲"争名当争国家名，计利当计人民利"。学习您的品德，继承您的事业，一辈子当您的好学生，报答您的恩德，报效祖国的航天事业。

王旭东、倪茂林、余四祥三人均为杨嘉墀在中国科学技术大学任教时的学生。

我心灵深处的杨嘉墀先生

——王迎春

杨嘉墀先生6月11日离开我们了。近一年多来，我们一直挂念着卧病在床的杨先生，希望他能恢复健康。或许，他看到我们的工作有了新的进展，会感到宽慰和高兴吧。现在，已经不能向他汇报工作，聆听他的真知灼见。而我自己，一直无法忘记他的和蔼可亲和谆谆教诲，这一切，都不禁让我产生伤感。

我不是杨先生直接指导的学生。1998年，我进入502所攻读博士学位，师从屠善澄先生和吴宏鑫老师。根据所里的教学计划，每两周都要举行一次研究生的讨论会，每个学生都要发言，汇报自己近来的学习、研究心得。每次开会，吴老师主持，杨先生和屠先生也到会指导。这种讨论会，在我读博期间从未间断，因此我有机会经常得到杨先生的教导。

刚一开始，我多少有些害怕杨先生。一方面是因为我知道他是我国自动化界的权威，享有很高的国际声誉；更重要的是，我感觉自己给他的第一印象可能并不是很好。回想在博士生入学考试的面试中，杨先生曾用英语向我提问，当时我稍感紧张，回答得不是很理想，所以入学之初，每次开讨论会，我都有些忐忑。不过杨先生倒很宽容我这个基础差的学生，经常对我不成熟的想法提出中肯的批评意见，我从中受益匪浅。今天想起这些事情，我不得不佩服他的长者风范。从那时起一直到我工作之后，我经常能够得到他热情的鼓励和指点。博士生期间，我被分配到康拓公司做民品方面的课题，这在博士生中是十分少见的。刚进了公司，我觉得这里的工作条件不是很好，不利于我的研究工作，自己的情绪也有些低落。屠先生、吴老师都开导过我。吴老师还特别提到，有一次他和杨先生谈起这事，杨先生说，虽然502所做的是航天控制，但和一般的民用自动控制是相通的，是可以互补的，适当安排研究生到公司做课题，可将航天控制中的一些先进的控制理论应用到民用市场，使用一些新的控制方法，加强军民用自动控制的交流。

我做的课题是铝电解过程控制方面的，目的是在实际生产过程中节能降耗。前几届研究生去了现场，用了很多方法都没能彻底解决问题。杨先生也很关心这件事，提出应该大胆创新，用502所自己提出的相关理论去解决。在老师们的指导、参与和鼓励下，我这个并没有多少经验的后来者，却在工作中另辟蹊径，彻底解决了问题。事实证明杨先生的主张是完全正确的，在我们的工作取得了成效之后，杨先生又及时地提醒“要注意保护自己的知识产权”。现在，全社会都十分重视“知识创新”和“知识产权保护”，有了在杨先生指导下的实践经验，我对这两方面的工作有更多更深入的理解。

2002年，我的博士论文在导师的指导、督促下终于完稿，兴奋之余，不忘听听杨先生的指教。他认真审阅论文之后，与我交换了看法，并提出修改意见，那一次我们交谈了一个多小时。杨先生不是我的导师，但是我在读博期间的每一份微小进步，都与他老人家的关心、指教分不开。在求学期间，能够不断向这样一位大学者请教，是我人生中一大幸事。博士研究生毕业后，我留在康拓公司工作。不久就做了工控事业部的经理，作为国家工控中心顾问的杨先生，一直对公司的发展保持着高度的重视。他时常提醒我，要技术、管理两手抓，大力开发新产品，提高工作效率，最大限度地提升公司的市场竞争力。一次去五院开会，我到他的办公室汇报了工控部的工作。因为他以前是国家工控中心的顾问，十分关注公司的发展。他听到我做了经理后，先是惊讶，而后又鼓励做好管理工作，并且不能把技术丢掉。当时我们大规模地承接了很多航天器控制系统地面检测设备的任务，他指出地面测试是保障航天器正常运行的关键环节之一，要搞出自己的综合测试平台，能适应尽可能多的型号，往产品化的道路上发展。要利用康拓做民品的优势和经验，把计算机、通信、工业控制的先进技术引入到航天器地面测试平台中。要采用标准的、开放的、通用的技术，以便能推广到航天器以外的其他武器装备的测试中，经过大家的不懈努力，我们公司的综合测试平台现已形成，它集DSP、实时操作系统、实时数据库、组态软件等高新技术于一身，秉承标准、开放、通用的技术原则，具备网络化、模块化以及高度的可扩展性等特点，完全适用于航天器大、中、小规模的测试任务。目前已经成功应用于探月等多个型号的控制系统地面测试中，为型号的研制提供了有力保障。我们目前正在向五院内外、其他武器装备厂所推广。

作为一位战略科学家，二十年前杨先生是“863”高新技术计划的倡导人之一。最近几年，汽车工业基本上被国外的大型汽车工厂占领了。他认为要抢回自己的领域，在汽车的计算机化上还有竞争的余地，要进入这个领域就要搞标准，做的东西不光是在国内要用，国际上也要用，才能赢得立足之地。所以在2004年，他联合了几位老科学家，向国家提出搞自己的汽车计算机平台。这事他委托吴老师参加了几次信息产业部组织的讨论。还嘱咐吴老师，希望康拓公司在这方面能够有所作为。

走笔至此，我的心情十分沉重。今后，再也不能向杨先生请教了，他的高深学问自己又能学到几分呢？自知才疏学浅，不敢乱比先辈，但是内心无限向往，只愿自己的辛勤耕耘能够告慰先生的在天之灵。

文章发布于神州网

王迎春，北京康石科技有限公司副总裁。在中国航天科技五院五〇二所攻读博士学位时认识杨嘉墀，经常得到他的鼓励与指点。

沉痛悼念尊敬的老师杨嘉墀先生

——熊范纶

6 月 14 日刚从美国回到家，打开电脑，一条电子邮件“讣告”让我大为震惊，我十分尊敬的老师杨嘉墀先生驾鹤而去。怎么可能呢?！一年前他那侃侃而谈的神情，还浮现在眼前。去年(2005 年)3 月下旬我去北京医院看望他，他还精力充沛地同我聊天，并为我推荐奖项呢。最近我才知道，那竟是他昏迷前最后一次签字呀！

杨先生是我的大学老师。在 1958 年刚成立的中国科学技术大学，他给我们自动化系刚入学的同学讲物理，记得他讲光学。对国内刚刚起步的自动控制专业来说，中科院研究所的研究员来兼职讲课，其困难可想而知。他讲课十分认真，为人谦和。后来我看到他的生平简介，才知道他早年留学著名的哈佛大学，为归国作出巨大努力的感人事迹。

我真正接触杨先生，还是在大学毕业二十年后的 1983 年 5 月。他和清华大学常迥先生，两位中科院学部委员，一起到我所来视察工作。那次是我刚从美国留学归来一个多月，为报国无门苦恼之时，看到自己多年不见的老师，特别高兴，也就无拘束地谈到自己在美国学到的图像处理与模式识别技术对中国很有用，可是回国后，似乎无人问津，无门可找。他俩非常耐心地聆听我的发言。杨先生说，这些技术一定能用上，叫我不要着急，耐心等待，他们正在努力。当听到我有在农业方面应用的思路时，他俩非常感兴趣，问我具体的想法。当时我挺纳闷：这两位专注航天控制和高技术的大师，怎么对农业的应用这么热心？记得当时常先生很感慨，说：“我在佛罗里达大学访问时，看到窦祖烈先生他们将模式识别应用于农业，回来我多次希望清华能有人做，一直未能实现，这个方向很有意义。”叫我与他们保持联系。当时，一个年轻人，尤其刚刚在国外学到一点知识，受到大师的鼓舞，似乎格外激动。那次见面，为我后来开拓这一领域在我国的发展，起了关键性的推动作用，也成为后来他俩长期关心指导我的一次难得的机遇。

那几年，他们只要知道我到北京，都要我去向他们汇报我的工作进展，一谈就是几个钟头。他们那种热情、循循善诱、诲人不倦的精神，十分感人，至今仍历历在目。

1984—1985年，我几次上北京友谊宾馆开会。记得是中科院技术科学部召开的关于针对美国“星球大战计划”如何在我国发展高科技的小型研讨会，参会的有王大珩、师昌绪、杨嘉墀、常迥、胡启恒、戴汝为等。有一次，年轻人只有我和倪光南参加。面对这些顶级专家，我们年轻人不大敢发言，他们说：“发展这些高新技术，就是要你们年轻人来参加发言。”当时真感到他们十分平易近人，打消了我们的许多顾虑。我说我们在国外如饥似渴地学习和工作，非常盼望早日能用国外学到的技术报效祖国，王大珩先生和蔼地说：“再等一等，快了，快了。”我想，后来的“863”计划，实际上在1984—1985年就多次开会酝酿，于1986年初成熟，由4位大师写信正式提出。王先生、杨先生他们实际上花费了几年的时间在筹划这件大事。

由于我看到国内高技术计划一时难以有大的启动，加之我对国情尤其对农业应用进行了较多的调研，特别是杨先生和常先生对我从事农业应用研究高度赞赏和大力支持，因此从1983年夏，我转向并坚定了在国内开拓这一方向的决心。

当我1985年12月第一个农业专家系统“砂姜黑土小麦施肥专家系统”和1990年“施肥专家系统”研制成功时，杨先生和常先生均给予了高度的评价和殷切的期望。杨先生的评语竟提高到“这是人工智能应用于农业生产的一个创举”“进一步证明了‘科学技术是生产力’，创造了一个鲜明范例”。这对我是多么大的鼓舞啊！

记得1990年底还是1991年初的一天，中国自动化学会凌惟侯秘书长打电话给我，说在1996年国际自动控制世界大会于中国召开之前，准备在中国开几个IFAC的学术会议，杨先生特别希望我们的农业专家系统能够是其中之一，问我可否开。当时，我真是从来不敢想的，国际上还没有这种会议呀，我们中国人开，真是异想天开！我一点把握也没有。凌秘书长问我估计能来几个外国学者，我说："来两个外国人估计问题不大。"他说："杨先生讲，只要能争取来三四个就开，就能成功。"这真是一个重大的启发和推动。当时真不可想象，它后来竟然变成了现实。经过各方努力，1992年8月，在黄山召开了IFAC农业专家系统研讨会(Workshop on Expert Systems in Agriculture)，到会一百多人，其中外国学者竟达三十多人。而且IFAC的有关机构官员到会，提议它作为首届IFAC的系列会议。至今十多年了，IFAC农业系列会议已在几大洲成功召开了五届。第六届准备再回到中国召开，若杨先生能健在光临，那将是多么激动人心啊！

前年(2004年)有一次，我给杨先生打电话，他同我谈了挺长时间。记得最清楚的是他问我现在农村怎么样，农民生活怎样，税费改革后形势怎样，很详细具体。我当时很感动，杨先生，"两弹一星"的功勋，却对三农也那么关心！

在去年(2005年)北京医院他最后和我谈话，重点也谈了我们的成果在农村的应用情况。当他听到我们的农业专家系统受到国际认可，获得世界信息峰会大奖(World Summit Award)时，十分兴奋，连声说："好，好！真不容易。"我说："这也是杨先生您二十多年来的关怀和指导的结果！"

"智能农业"在我国取得如此大的发展，倾注了杨嘉墀先生二十多年来长期的心血，也让我们看到了他们老一辈科学家对年轻人的精心扶植和热情的关怀。愿恩师杨嘉墀先生的英灵永垂不朽！

熊范纶，我国农业专家系统技术的开创者、智能农业的奠基人。他是杨嘉墀在中国科学技术大学任教时的学生。

他是一颗星——悼念杨嘉墀院士

——边东子

杨嘉墀院士走了。许多人都知道，他是“两弹一星”元勋，是“863”高科技计划的四位首倡者之一。他也因此受到广大人民群众的尊敬和爱戴，这从新浪网网友的评论中就能深切感受到。仅仅两天，就有几百条悼念他的发帖。这些网友的帖子情真意切，十分感人。可见，对有功于国家和人民的科学家，人们是满怀敬意的。

杨嘉墀院士参与了几乎中国所有卫星、飞船的研制或方案论证。从最早的“581”工程到未来的“嫦娥”探月，从当年未能实现的“曙光”号飞船到今天高奏凯歌而还的“神舟”号……

1958年，他曾经参加我国第一个卫星考察团，考察过苏联的卫星和火箭。那是为了研制我国的卫星，当时的工程代号叫“581”。虽然后来由于客观情况没有进行下去，可是工作并没有完全停止，队伍也没有散，这就为1965年重新上马打下了基础。1970年，我国的第一颗人造卫星“东方红一号”上天，他为这颗卫星设计了姿态控制系统，虽然后来没有用上，却为在其他卫星上的应用创造了良好条件。

返回式卫星对姿态控制要求很高。在我国第一代返回式卫星上，卫星的姿态控制，都采用了杨嘉墀院士主持设计的“三轴稳定系统”。这套系统以其独创性和简单实用性，在国际学术会议上受到好评。“东方红一号”和返回式卫星在1985年获得了国家科学技术进步奖特等奖，他是第四发明人。他还参与设计了“实践二号”。他主持研制的“一箭三星”是我国首次用一枚火箭成功发射多颗卫星，引起了国内外的关注。他还担任了“实践三号”卫星的总师，他屡立奇功。第一颗返回式卫星原定运行三天，可是运行了一天，就发生了氮气气压减小的问题，如果是氮气泄漏，那将是一个致命的故障。大多数专家主张让卫星提前返回，他却提出那不是故障，是宇宙空间太冷造成的，过一段时间，就会恢复正常。钱学森大胆拍板，采纳了他的意见。这是要担巨大风险的决策。如果真的是氮气泄漏，卫星再也不能回家，这责任可就大了！虽然钱学森讲过，责任由他这个总指挥负，可是杨嘉墀怎么肯把责任推给别人呢？后来的事实证明，他的结论是正确的。钱学森夸奖他为国立功了。

杨嘉墀院士还积极考虑如何把科技成果转化成为经济效益。他曾经积极建议中国发展通信卫星，并在1991年的一份报告中以精确的数字谈到了通信卫星产业化的问题。他指出，当时我国租用国外卫星的12个转发器，每年要花费约150万美元，五年下来就是9000万美元，按当时的比价，约合4.68亿人民币。而用中国自己的卫星，就可以赢利23.4亿人民币。他还对如何实现通信卫星的产业化，提出了许多具体措施。

一提到导航卫星系统GPS，人们首先想到的，就是它在军事上的用途。巡航导弹靠它定位，就能把"百步穿杨"的神话变成现实。飞机、舰艇用它定位，又迅速又准确。在现代战争中，没有它就根本谈不上"精确打击"。其实，在民用方面，它大显身手的机会更多：勘探队员和探险者靠它在茫茫瀚海或丛山密林中定位。开车出游，不必担心找不到回家的路。有的厂家甚至在个人数字娱乐产品中，也加进了GPS接收功能。但是，我们使用的导航定位系统都是接收美国卫星的信号，作为一个主权国家不能不考虑它的安全性，因为它在非常时期可以关闭，就是在和平时期，军用信号和民用信号的精确性也不一样，民用的误差要大得多。中国发射的"北斗"卫星就是一种区域性的导航定位卫星，这对中国的安全是十分必要的。为了进一步扩大它的应用范围，必须实现平战两用、军民结合。也只有这样，才能产生经济效益。从而为发展我国卫星积累更多的资金，实现良性循环。2005年1月，由86岁的杨嘉墀牵头，屠善澄等五位院士联名向时任总理温家宝提出了"关于促进北斗导航系统应用的建议"。这个建议得到了温总理的高度重视。

杨嘉墀院士的贡献远不止在航天。早在20世纪60年代，他研制的大型试验设备就成功地运用在多种型号的导弹及"歼8"战斗机的研制中。他不仅为中国的核潜艇研制过以模拟计算机为中心的反应堆控制系统，还为中国科技大学的学生讲过这门课。他为多家重要企业研制过自动控制系统，这些系统可以提升企业的产品质量和产量。他还提出过以计算机为中心的工业自动化试点项目。

杨嘉墀院士还为电脑的应用及推广立下过汗马功劳。在美国期间，他就参与过电子模拟计算机的研制。他和王安是哈佛的同学，又是信得过的朋友。王安曾经是享誉世界的电脑巨擘。当年，杨嘉墀院士主持研制的“快速记录吸收光谱仪”曾获得美国的发明专利，被称为“杨氏仪器”，还被有关单位当作具有历史意义的仪器收藏。在他回国后，王安一直为他保存着“快速记录吸收光谱仪”的专利费。截至这种仪器停产，已经积有2000美元了。王安于20世纪50年代创业，开始叫“王安实验室”，掘第一桶金的时候很艰难，很需要资金，可是他一直珍藏着老同学的专利费。可见王安的成功不仅仅由于他有先进的技术、善于经营的头脑，还因为他的诚信。1975年，杨嘉墀院士率团到美国波士顿参加国际自动控制联合会第六届大会，他和王安终于见面了。王安请他参观了自己的公司，那时，王安电脑公司正处在辉煌时期。王安本想把那2000美元专利费交给他，可是当时中国的外汇管理极严，手续较复杂。王安不愿给老同学添麻烦，就把这笔钱折了一台电脑。这台电脑的存储量虽然只有4K，但它已经可以用BASIC语言编程了，在当时也算很新潮了。杨嘉墀院士回国后，到处介绍电脑在美国的应用与发展，并用那台王安电脑在所里普及计算机知识，他自己也用这台电脑学会了编程。那时，中国科学家借对外交流的机会，为单位买电脑的还有他的老邻居、中国科学院声学所所长汪德昭等人。汪老在出国开会时，省吃俭用，用会议补贴为所里买了一台微处理器，用于声学研究。他们两位很可能是中关村最早引进电脑的科学家。后来，杨嘉墀院士又为电子工业部(当时的四机部)和王安公司搭桥，以优惠的价格引进了一批电脑。

杨嘉墀院士大力推广电脑的应用，鼓励并亲自指导科研人员用电脑设计航天器控制系统。1982年，他针对以往航天器测试系统各立门派、各树一帜，一个型号一套系统的散乱状态，提出了用标准模块组成计算机测控系统的建议，并参与相关软硬件的开发与研制。1987年，这个系统获得了国家科技成果二等奖。他是公认的自动检测的奠基者，而自动检测的核心设备就是电脑。中国的航天事业能够跻身世界先进行列，和大力推广使用计算机是分不开的。在研发、应用和推广电子计算机方面，他既是高瞻远瞩的指路人，又是冲锋在前的领跑者。

杨嘉墀是高瞻远瞩的战略科学家。20世纪80年代后期，美国人搞起了“星球大战计划”，这个计划让世界受到了很大震动。如何应对美国人的挑战，国内当时有两种意见：一种认为，中国也应当冲击高科技领域；另一种认为，不如搞一些能在短期内见效益的项目，赚些钱，等将来实力雄厚了、钱包鼓了，再攻高科技不迟。杨嘉墀院士和王淦昌、王大珩、陈芳允四位德高望重、功勋卓著的科学家都曾经为“两弹一星”的研制立下过汗马功劳。他们有切身体会，真正的高新技术，核心技术，外国人是不会卖给中国的；真正的现代化是买不来的。他们认为，中国必须在高科技领域里占有一席之地。于是他们共同写了一封信，提出了要发展高科技的建议。四位专家的建议得到了邓小平等党和国家领导人的重视，很快获得了批准。这就是著名的“863”计划。

现在人们已经渐渐达成了共识，如果不掌握核心技术，没有自主知识产权，中国就永远只能受制于人，用八亿件衬衫换一架飞机；DVD产量世界第一，却只能赚一点薄利，而人家索要的专利费却是惊天数字。

而“863”计划推进十年，已经取得了许多举世瞩目的成就，如“龙芯”、“曙光”超级计算机，还有“神舟”载人航天工程……中国的自主研发能力和创新能力已经大大提高。

当“嫦娥”工程提出时，有些人认为，中国没有必要和美俄这样的航天大国一起到月亮上去“作秀”。但是早在1996年，杨嘉墀院士就在一次会议上提出，中国应当尽早提出一个蓝图，争取在21世纪初建立月球站。1997年，一份由杨嘉墀院士修改过的论证报告进一步阐明了这个观点，在谈到开发月球资源时，报告就论述道：“月球上有丰富的矿藏，如钛、硅、铝、铁和氦-3。氦-3是重氢氦-3核聚变反应理想的燃料，地球上极其稀少珍贵。估计月球氦-3贮量可供人类使用7000年，有潜在的巨大经济意义。”现在，人们越来越意识到能源的重要性、保护生态环境的重要性，登月并非作秀，而是人类生存和发展的必要，是人类迈出地球这个摇篮时，必须跨出的一步。

人们可能不知道，杨嘉墀的目光其实还要长远得多，就在2005年，他还提出要重视电火箭的研究，因为它在深空宇宙中将起很重要的作用。

杨嘉墀院士生得轰轰烈烈，死得却是平平淡淡。当他去世时，只有新浪网、《科学时报》《科技日报》和《航天报》作了报道。新浪网和《科学时报》还作了专栏。一些并非孤陋寡闻的人曾问："杨嘉墀，有名吗？""杨嘉墀，好像听说过，干什么的？"造成这种情况，部分原因是他自己淡泊名利，不大愿意出镜、出名，只想安安静静地工作；部分原因是他的工作长期处于严格的保密状态，媒体不便报道。还有一种说法，说是他不够级别，要是正部级，便会如何如何，如果级别再高，更会如何如何……

但是这世界上还有一种不看级别高低，只根据贡献大小授予的荣誉。2003年，因为杨嘉墀院士的贡献，国际小行星中心将一颗小行星命名为"杨嘉墀星"。

当然，杨嘉墀院士不在意生前名声，更不会计较死后哀荣。他的女儿说："我们本来就是普通老百姓。"杨嘉墀院士的英灵如果有知，也一定会说："天上有无数的星，我本来就是普通的一颗。"

的确，我们很难在天上找到那颗"杨嘉墀星"，但他会在天上看着我们，关注着我们的发展和进步。让我们记住这颗"杨嘉墀星"。

边东子，中华人民共和国国史学会当代科技史研究分会理事（常务）。曾任中国少年儿童出版社科普编辑、文学编辑室副主任。

$$\tau_K = \tau_{K0} \frac{\int_{\lambda_1}^{\lambda_2} E(\lambda, T)\phi(\lambda)\mathrm{d}\lambda}{\int_{\lambda_1}^{\lambda_2} E(\lambda, T_0)\phi(\lambda)\mathrm{d}\lambda}$$

公共教育

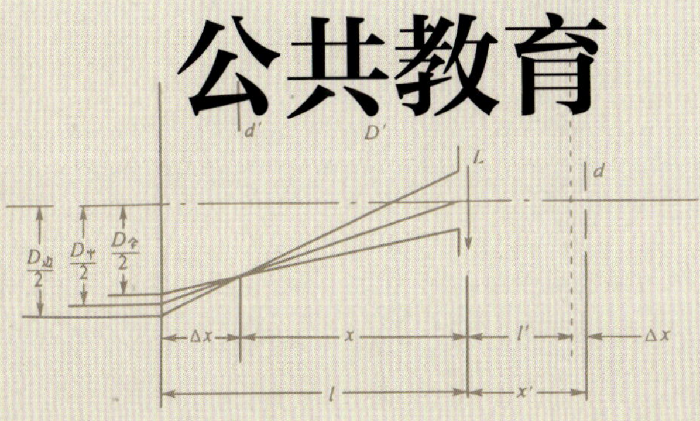

$$\frac{E(\lambda_e, T)}{E(\lambda_e, T_0)} = \frac{\int_{\lambda_1}^{\lambda_2} E(\lambda, T)\phi(\lambda)\mathrm{d}\lambda}{\int_{\lambda_1}^{\lambda_2} E(\lambda, T_0)\phi(\lambda)\mathrm{d}\lambda} = \frac{\tau_K}{\tau_{K0}}$$

$$\frac{\mathrm{d}T}{T} = \left[\frac{T}{T_0} \cdot \frac{\mathrm{e}^{C_2/\lambda T} - 1}{\mathrm{e}^{C_2/\lambda T}} - 1\right]\frac{\mathrm{d}\lambda_e}{\lambda_e}$$

$$\frac{\mathrm{d}F}{F} = \frac{C_2}{\lambda T} \cdot \frac{\mathrm{e}^{C_2/\lambda T}}{\mathrm{e}^{C_2/\lambda T} - 1} \cdot \frac{\mathrm{d}T}{T} = \xi \frac{\mathrm{d}T}{T}$$

$$F_0 = k\left(\frac{d'}{X}\right)^2 = k\left(\frac{d_{半}}{l}\right)^2$$

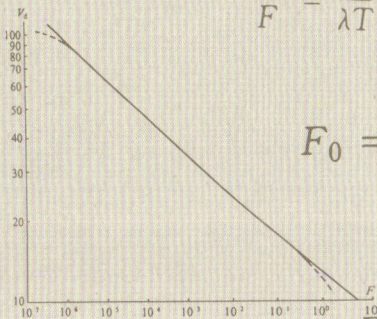

$$\frac{E(\lambda_e, T)}{E(\lambda_e, T_0)} = \frac{\int_{\lambda_1}^{\lambda_2} E(\lambda, T)\phi(\lambda)\mathrm{d}\lambda}{\int_{\lambda_1}^{\lambda_2} E(\lambda, T_0)\phi(\lambda)\mathrm{d}\lambda} = \frac{\tau_K}{\tau_{K0}}$$

为进一步扩大展览影响，发挥苏州名人榜样力量，让更多市民特别是青少年了解苏州院士的故事，名人馆特别邀请震泽镇文体站沈臻为“馆校共建”学生们开展《闪耀的星》主题讲座，讲述杨院士的成长故事，分享杨院士科技报国的人生理想。活动现场，沈站长还与同学们互动交流，鼓励大家以院士为榜样，树立理想目标。

我们还推出了“策展人带你看展览”专题活动，由青年策展人带领大家走进展览现场，了解苏州科学家科技报国的故事。策划、开展了“走近名人·放飞梦想——苏州院士杨嘉墀的故事”专题活动，由讲解员老师带领同学们深入展览现场，了解杨院士的成长经历和科研故事，动手制作卫星小模型，激发大家的科学梦想。

配合展览，名人馆“嘉实弥望——中国科学院院士杨嘉墀”巡展也在同步进行中，暑假期间，巡展在平江街道北园社区、娄葑街道东港家和社区、吴门桥街道金塘社区等6个社区进行，广大市民在家门口就能了解苏州名人的故事。后续巡展将在更多街道社区、共建学校继续开展。同时，我们还提供文化惠民服务，走进暑托班、为老服务中心等为社区居民、孩子们开展杨嘉墀院士专题活动，让更多人走近院士，传承新时代科学家精神。

《闪耀的星》主题讲座

2024 年 7 月 10 日下午 2 点，在苏州市名人馆一楼概述厅举办了苏州市名人馆“日日新”青少年主题月：“嘉实弥望——中国科学院院士杨嘉墀”青少年交流活动。来自苏州市各中小学的五十余名同学参加了此次活动。活动主讲人震泽镇文体站站长沈臻以《闪耀的星》为交流主题，通过介绍杨嘉墀院士求真务实、投身科研的学术精神和卓越一生，希望青少年们可以在今后的学习、工作、生活中，处处以杨嘉墀为榜样，沿着他曾经走过的道路而努力。同学们纷纷表示，交流活动让他们更深入了解了杨嘉墀院士的成长经历和科研道路，杨院士勤勉钻研和爱国奉献的精神品质让大家受益匪浅。

“嘉实弥望——中国科学院院士杨嘉墀”巡展巡讲进行时

2024 年 7 月 10 日，正值第五个“苏州科学家日”之际，“嘉实弥望——中国科学院院士杨嘉墀”展览在苏州市公共文化中心拉开帷幕。此次展览，以多维度视角深刻勾勒出中国科学院院士杨嘉墀先生的学术生涯与人生轨迹，不仅鲜活地展现了其独特的学术风采，更深刻铭记了中国现代科学技术发展历程中的艰辛探索与辉煌成就。为扩大影响，让杨院士的卓越贡献与崇高精神惠及更广泛人群，苏州市名人馆同日启动了将持续至 2024 年底的“嘉实弥望——中国科学院院士杨嘉墀”巡展巡讲活动。

深耕社区，共鉴科学荣光

巡展首站走进苏州市姑苏区平江街道北园社区、姑苏区平江街道梅巷社区及工业园区娄葑街道东港家和社区；作为自动控制与检测领域的奠基人，杨嘉墀院士的非凡故事在社区内引发了强烈共鸣。通过精心设计的展板展示、讲解及互

北园社区巡展现场

梅巷社区巡展现场

东港家和社区巡展现场

动集章等多元化形式，社区积极营造浓厚的科学文化氛围，尤其是在暑假期间，为青少年搭建起一座通往科学殿堂的桥梁，吸引众多居民驻足观赏。

科学启航，点亮青少年梦想

为激发青少年的爱国情怀与科学探索欲，巡展巡讲活动计划深入多所苏州市名人馆“馆校共建”合作学校，以丰富多样的公共教育活动为载体，将杨嘉墀院士的科学精神与爱国情怀传递给下一代。在活动中，学生们不仅了解到杨院士在科研领域的卓越成就与对国家的重大贡献，更被激励将个人梦想融入国家发展大局，为实现中华民族的伟大复兴贡献力量。

“嘉实弥望——中国科学院院士杨嘉墀”巡展巡讲活动，旨在通过深入社区、贴近民众的方式，将科学知识与文化教育普及至每一个家庭，实现文化惠民服务的全面覆盖。我们坚信，通过弘扬杨嘉墀院士的科研精神与爱国情怀，能够激励更多人投身于科技创新与国家发展的伟大征程中，共同绘制新时代科技强国的壮丽画卷。

走近名人 · 放飞梦想——策展人带你看展览

在炽热的夏日，踏入清凉的展厅，我们得以在静谧中聆听传奇人物的非凡故事，沉浸于文化的深邃与美好之中。

杨嘉墀先生（1919—2006），生于苏州吴江，是空间自动控制学家、航天技术和自动控制专家、仪器仪表与自动化专家，自动检测学的奠基者，“两弹一星”功勋奖章获得者。他的贡献与成就，如同星辰般璀璨夺目。

自7月10日至9月8日，苏州市名人馆匠心独运，精心筹备的“嘉实弥望——中国科学院院士杨嘉墀”专题展览，在苏州美术馆的4、5号展厅璀璨绽放。此次展览，汇聚了超过200件珍贵展品，包括老照片、手稿及实物等，它们跨越时空的界限，从求学之路的艰辛、科研探索的执着，到日常生活的点滴，全方位、多角度地勾勒出了杨嘉墀院士波澜壮阔的一生。

“策展人带你看展览”这一特色活动，是由本次展览的策展人亲自讲解，自开幕起，共讲解4场。她引领观众步入展览的每一个精彩瞬间，以她独到的视角和细腻的解读，深入剖析展品背后的故事，生动再现杨嘉墀先生科研报国、矢志不渝的壮丽人生篇章。这不仅是一场视觉的盛宴，更是一次心灵的洗礼，让我们在感受文化之美的同时，也深刻体会到科学精神与爱国情怀的崇高与伟大。

平江同心路·共绘科学梦

为深入学习习近平总书记关于科学家精神的重要论述，厚植青少年爱国情怀，近日，姑苏区民族宗教事务局、平江街道办事处主办，苏州市名人馆、姑苏区民族团结进步促进会平江街道分会、平江街道团工委、北园社区党委共同承办“同心童行悦成长”系列活动——“平江同心路·共绘科学梦”，各族群众踊跃参与。

苏州市名人馆的志愿者讲解员、吴文化研究会理事卢韫老师，以生动的语言将杨嘉墀院士的一生娓娓道来，在场的每一位听众都深受感动。

杨嘉墀生于江苏省吴江县的一个丝业世家，从小便受到了实业救国思想的影响。在交通大学学习期间，他立下了用科技改变国家命运的宏伟志向。随后，他远赴美国哈佛大学深造，并取得了博士学位。在美国期间，他发明了多项重要仪器，并在生物电子学领域取得了显著成就。他始终心系祖国，最终放弃了国外的优厚待遇，毅然回国，为新中国的建设贡献自己的力量。

在讲解过程中，讲解员特别强调了杨嘉墀院士在中国航天事业中的杰出贡献。作为中国自动化学科、中国自动化学会和中国仪器仪表学会的创建人之一，他几乎参与了每一次对国家安全、人民幸福具有巨大影响的重大科技成果的研究开发。他的智慧和勇气，为中国航天事业的发展树起了一座丰碑，这不仅是科学家个人智慧的结晶，更是全国各族人民团结一心、共同奋斗的结果。

为将科学知识与文化教育送至千家万户，实现文化惠民服务的全面覆盖，苏州市名人馆“嘉实弥望——中国科学院院士杨嘉墀”巡展火热开展中。巡展第二站走进姑苏区平江街道历史街区社区、娄江社区，将持续至9月下旬，通过深入社区、贴近民众的方式，弘扬杨嘉墀院士的科研精神与爱国情怀，激励各族群众投身于科技创新与国家发展的伟大征程中。

未来，平江街道将持续发挥好铸牢中

华民族共同体意识宣传教育联盟作用，树立爱科学、学科学、用科学的社会风尚，涵养各族青少年的家国情怀，引导各族青少年拼搏奋进，为实现中华民族的伟大复兴贡献自己的力量！

"两弹一星"功勋科学家：
中华人民共和国为表彰为中国核武器和空间技术的发展做出了不可磨灭的贡献的23位科学家，于1999年国庆50周年前夕由中共中央、国务院和中央军委授予"两弹一星"奖章。
"两弹一星"，是中国20世纪60年代组织研制核弹（原子弹、氢弹）、导弹和人造卫星工程简称。

1919年9月9日，杨嘉墀出生在吴江震泽镇。
嘉，寓意"善与美"；墀，象征"台阶"

跨洋深造